el arroz

de la paella al sushi

el arroz

de la paella al sushi

Clare Ferguson

fotografías de Jeremy Hopley

ONIRO

Todo mi agradecimiento para Ian Ferguson, mi marido, por su paciencia

Título original: *Rice*

Traducción de Patricia Shelly

Notas
Es mejor servir el arroz inmediatamente después de cocinarlo. Si ha de servirse frío o recalentado, conviene enfriarlo rápidamente después de cocido, tapándolo, en la zona más fría de la nevera, y consumirlo antes de 24 horas.
La unidad de medida para las hierbas de este libro es el manojo. Un manojo grande se compone de 5 tallos. El arroz posee un sabor sutil que requiere una buena condimentación con sal, salsa de soja, salsa de pescado u otros agentes de sabor salado.

1ª edición, 1999

Publicado por primera vez en 1997
con el título RICE por Ryland Peters & Small Ltd.
Cavendish House, 51-55 Mortimer Street – London WIN 7TD

Text © 1997 Clare Ferguson
Design and Photographs © 1997 Ryland Peters & Small Ltd.

© de todas las ediciones en lengua española: Ediciones Oniro, S.A.

© de esta coedición para Argentina, Uruguay, Paraguay y Chile:
Editorial Paidós, S.A., Defensa 599, Piso 1° – Buenos Aires –
Argentina
ISBN: 950-12-9071-9

© de esta coedición para México: Editorial Paidós Mexicana, S.A.
Rubén Darío 118, Col. Moderna – 03150 México D.F. – México
ISBN: 968-853-397-1

© de esta coedición para España y resto de países:
Ediciones Oniro, S.A.
Muntaner 261, 3.º 2.ª – 08021 Barcelona – España
ISBN: 84-89920-42-7

Impreso en China – *Printed in China*

variedades de arroz 6

cocción del arroz 8

otros productos del arroz 10

índice

las américas 12

europa 34

oriente medio 62

áfrica 74

la india, pakistán y sri lanka 80

el lejano oriente y el sureste asiático 100

australia y nueva zelanda 130

variedades de arroz 140

agradecimientos 141

menús a base de arroz 142

índice analítico 143

De los cientos de variedades distintas
de arroz, algunas sólo se utilizan en el país
de origen y otras son muy usadas por
cocineros de todo el mundo.

variedades de arroz

En las páginas 140 y 141 se describen los
distintos tipos de arroz que aparecen
ilustrados, junto con información sobre el
modo y el tiempo de cocción, dónde
comprarlos y la mejor forma de
emplearlos. Hay **numerosas** categorías:
arroz de **color** blanco, negro, rojo o
marrón; de **forma** larga, corta, mediana o
redonda; de **textura** glutinosa (pegajosa)
o no; orgánico o no. También existen muchas
variedades de arroz **de cocción rápida**:
engañoso, ya que en realidad necesitan más
tiempo de cocción que el normal. El proceso
se descubrió en la antigua India, donde se
utilizaba el sancochado para conservar el
arroz; de paso, tenía la ventaja añadida de
encerrar algunos de sus nutrientes en las
profundidades del grano. El resultado es un
alimento de mayor valor nutricional.

Arroz glutinoso rojo

Arroz glutinoso blanco
japonés, para sushi

Arroz
salvaje

Arroz blanco de Calasparra,
grano mediano, para paella

Arroz integral rojo
de la Camarga

Arroz blanco basmati

Arroz basmati marrón

**Arroz glutinoso
tailandés**

**Mezcla de basmati
y arroz salvaje**

**Arroz basmati
de cocción rápida**

**Arroz marrón de
grano largo,
de cocción rápida**

**Arroz integral
de grano largo**

**Arroz blanco de grano
redondo, para budín**

**Arroz blanco de
grano largo,
de cocción rápida**

**Arroz blanco de Carnaroli,
grano medio, para risotto**

Arroz blanco de grano largo

El método más rápido es por volúmenes: tomar una taza de arroz y agregar múltiplos de esa taza llena de agua caliente o caldo; $1^1/_2$ para el arroz sushi, 2 para la mayoría de los demás tipos de arroz, 3 para el risotto o 4 para la paella. Llevar a ebullición, tapar la olla, bajar la llama, cocer a fuego lento hasta que esté hecho: unos 12 minutos. Este método es el que se utiliza en el libro, traducido a gramos y mililitros. Otra opción para el arroz hervido: cubrirlo con líquido de forma que éste lo rebase en 2 cm. Hervir, tapar, bajar la llama, cocer a fuego lento hasta que esté hecho (unos 12 minutos). Una amiga malaya me enseñó este método cuando éramos estudiantes. ¡Funciona!

cocción del

arroz

Los mejores métodos para cocer el arroz van desde lo más tradicional hasta la tecnología más avanzada.

Lavar el arroz

Los cocineros asiáticos tienen la costumbre de lavar al arroz antes de cocerlo, y a veces también lo ponen a remojo. No lo creo necesario con arroces producidos por métodos modernos de cultivo y molienda.

Método de absorción

Cubrir el arroz con líquido hirviendo y llevar otra vez a ebullición, sin tapar. Tapar, bajar inmediatamente el fuego lo máximo posible. Evitar levantar la tapadera. A los 10, 12, 15 o 25 minutos, como indican las recetas dependiendo del tipo de arroz, éste estará hecho y el líquido totalmente absorbido. En la superficie pueden aparecer agujeros debido al vapor. Apagar el fuego. Dejar reposar unos minutos (tapado con papel de aluminio, con un trapo o sin tapar) para que los granos se ahuequen y aligeren, o bien servir de inmediato.

Método de la cazuela de agua

Echar las medidas de arroz en una cazuela. Agregar abundante agua o caldo hirviendo. No tapar. Llevar de nuevo a ebullición, reducir a fuego medio y dejar cocer 10, 12, 15, 25 minutos o más, según el tipo de arroz, o hasta que esté tierno. Apagar el fuego y escurrir el arroz. Devolverlo a la cazuela o dejarlo en el colador sobre la cazuela aún caliente. Dejar reposar unos minutos, servir y comer.

Olla arrocera eléctrica

Este aparato útil y a toda prueba hace de la cocción del arroz un juego de niños. Deben seguirse las instrucciones de cada aparato, pero lo normal es medir el arroz y luego agregar la cantidad de agua indicada para el tipo de arroz. No echar sal. Tapar y conectar. Cuando el arroz está hecho, la máquina se desconecta automáticamente y

el arroz se conserva caliente hasta 1 hora (después empieza a deteriorarse). Perfecto para familias que comen a diferentes horas, aunque algunos cocineros piensan que el método es un poco impersonal. También el arroz glutinoso puede cocerse así, aunque tarda más. El microondas es una buena alternativa.

Cocción en microondas

Aunque no es más rápido que los métodos convencionales, no cuesta esfuerzo y es útil, ya que el aparato se desconecta automáticamente y el calor residual calienta y esponja el arroz. En un recipiente o bol con tapa apto para el microondas, grande, de altura media, no metálico, echar 1 medida de arroz (p. ej., 300 ml). Agregar $1^3/_4$ medidas de líquido para el arroz sushi, 2 para el arroz blanco, marrón o integral, 3 para arroz de la Camarga y arroz rojo tailandés, arroz salvaje o risotto, y 4 para el arroz de Calasparra o Bomba. Tapar. En microondas de 750 vatios, cocer todos los tipos de arroz a POTENCIA ALTA/100 % durante 10 minutos o hasta que hierva. Para el arroz blanco, reducir a POTENCIA MEDIA/50 % durante 10-12 minutos. Dejar reposar 5 minutos sin sacarlo. Para el arroz salvaje, el marrón, y el rojo de la Camarga, reducir a POTENCIA MEDIA/50 %, cocer 30 minutos y dejar reposar 5. Para el arroz rojo tailandés, reducir a POTENCIA MEDIA/50 %, cocer 20 minutos y dejar reposar 5. El arroz de cocción rápida de cualquier variedad tardará 3-4 minutos más que la forma no tratada de cada variedad a POTENCIA MEDIA/50 %. Para recalentar arroz previamente hecho, tapar y calentar a POTENCIA ALTA/100 % durante 3-4 minutos (o 6-8 minutos para el arroz salvaje o marrón).

Nota: *Estos tiempos de cocción son para microondas de 750 vatios. Si el suyo es de mayor vataje, reste 10 segundos por minuto de cocción y por cada 100 vatios. Si es de menor vataje, sume 10 segundos por minuto de cocción y por cada 100 vatios.*

Cocción en olla a presión

Útil para el arroz integral. Hay que seguir las instrucciones específicas de cada modelo de olla, pero el método general es éste: Agregar el arroz medido y cubrir con agua o caldo hirviendo. Ajustar la tapa, cocer a fuego suave, girar la válvula de presión al máximo, bajar la llama, dejar cocer. Apagar el fuego y retirar la olla. Dejar que el penacho de vapor salga por la válvula y que la olla y su contenido se enfríen lo suficiente para que se reduzca la presión. Destapar.

Cocción en el horno

Es un método bueno pero bastante lento. Quizá el plato de arroz más famoso guisado así sea el tradicional budín de arroz inglés, en el que arroz, azúcar, huevos y leche se hornean a fuego moderado durante 50 minutos.

Cocción al vapor

Cuando los cocineros o restaurantes asiáticos especifican «arroz al vapor», pueden querer decir arroz cocido en agua hirviendo y vapor por el método de absorción o incluso en olla arrocera eléctrica. Las recetas tradicionales del sureste asiático para hacer arroz al vapor pueden requerir métodos concretos propios de estas culturas, en las que la cocción del arroz se eleva a la categoría de arte. Seguir las instrucciones de la receta o adaptar el método a los utensilios de que se disponga.

Sake

Dorado pálido a intenso. Puede sustituirse por jerez, ginebra diluida o vermut seco. *Usos:* Para rebozados, marinadas, aliños, salsas. Para servir como bebida, calentar suavemente al baño maría, pero no demasiado o se evaporará el alcohol. Refrigerar cualquier resto de sake una vez abierta la botella.

Mirin

Líquido ambarino claro, más diluido que el sake. Sustituir por sake si no se encuentra. *Usos:* Para arroz cocido, aliños.

Vinagre de arroz

Para aliños, marinadas, salsas y platos de arroz. El rojo es suave, afrutado (casi como el vinagre balsámico), de sabor rotundo. El blanco es acre, el amarillo suave y el negro sabe a caramelo. El vinagre blanco japonés es más suave que el chino.

Tallarines de arroz, cintas de arroz o bandas de arroz

Secos, translúcidos, pasta de harina de arroz en madeja. Desde tallarines muy finos hasta bandas de 1 cm de ancho. No hacer caso de las instrucciones de cocción del paquete, que rara vez son exactas. *Cocción y tiempo:* Rehidratar durante 5-15 minutos en agua caliente o a punto de hervir (el método tradicional es ponerlos en un largo remojo de agua fría). Escurrir y servir tal cual o recalentar. Calentar al vapor, saltear rápidamente, freír o servir en platos combinados.

Envolturas de papel de arroz

Círculos o segmentos de papel de arroz seco de 20 o 25 cm. Para comer crudos, al vapor o rellenos, primero deben humedecerse sumergiéndolos en agua o mojándolos por encima. También pueden servirse fritos y crujientes. *Cocción y tiempo:* Ablandarlos en agua tibia y preparar como se indica arriba.

Fideos *harusame*

Filamentos secos, finos como un cabello, translúcidos, hechos de harina de arroz (o

Otros productos del arroz

Envolturas de papel de arroz

Vinagre de arroz amarillo

Bandas de arroz

Vinagre de arroz blanco

Vinagre de arroz rojo

Cintas de arroz

Papel de arroz

de patata o tapioca). Se venden en madejas.
Cocción y tiempo: Igual que los tallarines.

Panes *mochi*

Bloques duros, secos y densos de arroz glutinoso cocido y triturado. No confundir con el tentempié fresco y listo para comer del mismo nombre.
Cocción y tiempo: Ablandar y rehidratar remojándolos 5-15 minutos en agua muy caliente. Escurrir y hacer a la plancha o escalfar. Utilizar en sopas o estofados.

Arroz molido

Harina de arroz molido grueso a mediano. Utilizado en postres, rebozados, budines de leche, masas crujientes. Espesante útil, pero la harina de arroz glutinoso es mejor para bizcochos, masas, rebozados y envolturas.
Cocción y tiempo: Generalmente se añaden 50 g a 600 ml de líquido caliente. Se hace en 10-15 minutos.

Harina de arroz

Harina fina usada para espesar y dar ligereza a salsas, rebozados y masas, como los bollos al vapor y el *dim sum* de China y el sureste asiático. También utilizada en la elaboración de pasta en Asia. Barata y cómoda.
Usos: Para masas y mezclas.

Copos de arroz

Para budines, cereales, cocina rápida y para espesar en líquido caliente.

Cocción y tiempo: Cocer 10-12 minutos 40 g en 600 ml de leche caliente, hasta que la mezcla sea espesa y cremosa.

Galletas de arroz

Tentempié patentado, bajo en calorías, sin gluten. Solas o con algo más, para dietas de adelgazamiento.

Papel de arroz

Hecho con fibras de distintas plantas de la familia del arroz. Se utiliza como base para preparados culinarios a fin de impedir que se peguen. Comestible incluso en crudo. Si se hace al horno, ponerlo a fuego moderado. Quebradizo cuando está seco.

Galletas de arroz

Arroz molido

Fideos *harusame*

Panes *mochi*

Copos de arroz

Harina de arroz

Tallarines de arroz

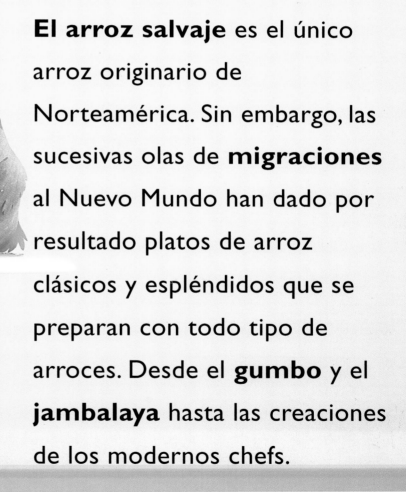

las
américas

El arroz salvaje es el único arroz originario de Norteamérica. Sin embargo, las sucesivas olas de **migraciones** al Nuevo Mundo han dado por resultado platos de arroz clásicos y espléndidos que se preparan con todo tipo de arroces. Desde el **gumbo** y el **jambalaya** hasta las creaciones de los modernos chefs.

risotto de langosta y limón

sobre lecho de hojas verdes

Un sabor a mar soberbio y suntuoso: langosta recién cocida, acurrucada en risotto al limón sobre un refrescante lecho de verduras de ensalada para dar contraste. Si no le apetece cocer langostas vivas o no puede encontrarlas, compre una langosta recién cocida y prepare la receta de la misma forma, bien con caldo de pescado fresco, bien con cubitos de caldo de pescado para realzar el sabor. El *wakame* seco, o «verdura marina» de estilo japonés, intensifica el sabor a mar. Cómprelo en un establecimiento de alimentos japoneses y utilice el mejor arroz de risotto que pueda permitirse.

2 cucharadas de aceite de oliva virgen extra

50 g de mantequilla salada

2 puerros, sólo la parte blanca, a rodajas finas

450 g de arroz de risotto blanco italiano
(como la calidad *superfina* del Carnaroli, Arborio,
Roma o Boldo, o la calidad *semifina* del Vialone
nano o Padano)

150 ml de vino blanco seco, tipo Sauvignon blanco

1,2 l de caldo caliente de langosta y pescado
(véase método),
o de caldo de pescado en cubitos

1 limón

50 g de queso parmesano, finamente rallado
(opcional)

250 g de verduras para ensalada, mezcladas: berros,
oruga, canónigo, achicoria y diente de león,
para servir

½ cucharadita de paprika suave, para servir

Caldo de pescado:

3 cucharadas de sal marina

25 g de algas *wakame* secas (si hay)

1 langosta pequeña, viva, de unos 750 g,
o una langosta recién cocida

1 cucharadita de granos de pimienta blanca, chafados

1 bulbo de hinojo, a cuartos, o 3 tallos de apio

12 tallos de perejil

500 g de espinas y recortes de pescado blanco,
como rodaballo o bacalao

4 raciones

Para hacer el caldo de pescado, hervir agua en una cazuela grande con 3 cucharadas de sal marina y, si se quiere, las algas. El agua debe rebasar la langosta en 5 cm. Si la langosta está viva, sumergirla en el agua hirviendo, recuperar la ebullición y cocerla 12 minutos a fuego vivo hasta que esté totalmente roja. Retirar la langosta, escurrirla bien reservando el líquido de cocción y enfriarla 10-15 minutos sobre hielo.

Partir las pinzas y extraer la carne. Abrir la langosta y sacar la carne comestible en trozos lo más grandes posible. Desechar las partes no comestibles. Cortar la carne de la cola a rodajas gruesas.

Chafar el tórax y otros restos y ponerlos en una cazuela limpia. Agregar 750 ml del líquido de cocción colado, 600 ml de agua fría, los granos de pimienta, el hinojo o el apio, los tallos de perejil y las espinas y recortes de pescado. Llevar a ebullición, tapar y dejar cocer 10 minutos a fuego lento. Colar, probar y rectificar de sal. Poner 1 litro de este caldo en una cazuela, recalentar y reservar manteniéndolo caliente.

Para hacer el risotto, calentar el aceite y la mitad de la mantequilla en una cacerola de base semigruesa. Agregar los puerros y freírlos 1-2 minutos. Añadir el arroz, removerlo para que se impregne y agregar el vino. Dejar hervir. Añadir una cuarta parte del caldo caliente y remover con cuidado. Cocer 6-7 minutos a fuego suave, removiendo de vez en cuando, hasta que se consuma el líquido. Seguir añadiendo líquido 3-4 veces más hasta terminarlo. El risotto debe quedar tierno, pero suculento, húmedo y brillante.

Cortar la cáscara de limón en 4 tiras largas, rizarlas y reservar. Exprimir el zumo. Agregar al risotto el resto de la mantequilla, zumo de limón al gusto y, si se quiere, queso parmesano rallado fino, pero se trata de una opción enteramente personal. Remover, tapar y dejar que se caliente todo.

Para servir, poner unas hojas de verdura de ensalada en cada plato y el risotto encima. Acomodar la langosta sobre el arroz, espolvorear con paprika, adornar con cáscara de limón rizada y servir caliente.

pastelillos de cangrejo
con salsa oriental picante

Este plato es mezcla de varias recetas magníficas que probé por primera vez en Louisiana y San Francisco. Si no encuentra carne fresca de cangrejo, use cangrejo descongelado. Si sólo dispone de cangrejo cocido, mézclelo a partes iguales con pescado blanco crudo y desmenuzado: lo que define este plato es la densa textura del marisco. Sazone bien: aquí la sal es importante.

Poner el arroz con el caldo hirviendo en una cacerola mediana. Recuperar la ebullición, tapar y bajar al mínimo la llama. Dejar cocer unos 18 minutos o hasta que los granos estén tiernos y esponjosos y se haya consumido todo el líquido. Introducir la cacerola en un bol con agua helada a fin de enfriar el arroz. Para preparar los pastelillos, cortar a tiras finas la parte verde de las cebolletas. Verter agua hirviendo por encima, escurrir y refrescar en agua fría. Reservar. Picar finamente la parte blanca. Poner la carne de cangrejo en un robot de cocina junto con la parte blanca de la cebolleta, el arroz molido, el huevo, la sal y el polvo de cinco especias. Triturar brevemente varias veces para que se mezcle. (Si se usa cangrejo cocido y pescado crudo, triturarlos juntos más o menos 1 minuto, haciendo pausas, antes de añadir los demás ingredientes.) Incorporar al robot 500 g de arroz cocido. Triturar haciendo pausas hasta que se mezcle. No triturar en exceso.

Formar pastelillos con la mezcla: 8 de 7 cm de diámetro para plato único, o 18 de 3,5 cm para entrante. Calentar la mitad del aceite en una sartén antiadherente de base gruesa. Freír 4 pastelillos cada vez, 2 minutos por cada lado. Mezclar todos los ingredientes de la salsa en un bol pequeño. Incorporar las partes verdes de la cebolleta al arroz restante. Servir el arroz coronado con los pastelillos y la salsa.

400 g de mezcla de basmati y arroz salvaje, de cocción rápida

750 ml de caldo de pollo, caliente

6 cebolletas

500 g de carne cruda de cangrejo,

o 175 g de carne cocida de cangrejo mezclada

con 175 g de pescado blanco crudo y desmenuzado

25 g de arroz molido

1 huevo

1-2 cucharaditas de sal

2 cucharaditas de polvo de cinco especias

1-2 cucharadas de aceite de oliva virgen, para freír

verduras de ensalada, para servir (opcional)

Salsa oriental picante:

3 cucharadas de salsa de ostras

3 cucharadas de salsa hoisin

1 cucharada de salsa clara de soja

2 cucharadas de vino dulce de jengibre

u otro vino dulce

1 cucharadita de salsa tabasco

4 raciones para plato único, 6 para entrante

tamales de pescado
con salsa de tomate y chiles

Generalmente los tamales se hacen con maíz, pero éstos también contienen arroz molido. Si no hay maíz fresco con hollejos verdes, utilícelos secos y rehidrátelos con agua caliente.

Los chiles, la polenta, la *masa harina* (harina de maíz tratada con lima que se emplea para hacer tortitas) y los hollejos secos se encuentran en tiendas de alimentos mexicanos.

También puede emplear mazorquitas enlatadas, pasándolas un poco por el pasapurés (pero no demasiado). De tres mazorcas saldrán unos 250 g, suficiente para 6 entrantes.

375 g de filetes de pescado: salmonete, mújol, cubera o lubina
el zumo de 3-4 limas
1 chile jalapeño verde, cortado a tiras finas
3 mazorcas de maíz frescas, con sus hollejos verdes
125 g de harina de arroz
50 g de polenta fina (harina de maíz)
50 g de *masa harina*
½ cucharadita de chile en polvo
1 cucharadita de sal
1 cucharada de orégano fresco o de hojas de mejorana, cortados a tijera
1 huevo, batido
15 g de chile seco, tipo ancho o chipotle, desmenuzado o picado
3 tomates rojos maduros, a daditos
sal al gusto
6 entrantes

tamales de pescado

1 Cortar el pescado en 24 trozos iguales y pasarlos a una fuente honda. Agregar el zumo de lima y el jalapeño. Remover bien y dejar marinar mientras se prepara la masa de los tamales.

2 Quitar los hollejos de la mazorca y ponerlos en un bol con agua caliente. Desechar las barbas. Rallar el maíz fresco y tirar las partes centrales. (Deben salir unos 250 g de pulpa de maíz.)

3 Mezclar la pulpa con la harina de arroz, la polenta, la *masa harina*, el chile en polvo, la sal y las hierbas. Agregar el huevo batido y 2-3 cucharadas de la marinada de pescado. Formar una masa blanda, dúctil, parecida a la masilla. Escurrir el pescado y reservar la marinada.

4 Escurrir los hollejos. A continuación, poner un trozo de pescado en un extremo del hollejo con una cucharada de masa encima. Enrollar éste hasta la mitad sin apretar. Cerrar los lados abiertos con otro hollejo y asegurar con un palillo.

5 Preparar el resto de los tamales. Cocerlos 15-20 minutos al vapor sobre agua hirviendo, dándoles la vuelta a los 10 minutos. Comprobar la cocción desenvolviéndolos: el pescado debe estar blanco y la masa ha de tener una consistencia firme.

6 Cocer 4 minutos a fuego lento la marinada sobrante y agregar el chile seco y desmenuzado. Añadir los daditos de tomate y remover. Servir con los tamales. Nota: si no tiene suficientes hollejos, use papel de aluminio untado en aceite.

jambalaya

jambalaya tradicional
con chorizo y gambas

Calentar el aceite en una cazuela grande de base gruesa. Incorporar la harina, si se usa, y tostarla. Agregar el cerdo y el chorizo y cocer 6-7 minutos, removiendo y dando vuelta a la carne, hasta que esté dorada. Retirarla de la cazuela con la ayuda de una espumadera.

Agregar el pollo y saltear hasta que esté dorado y firme. Devolver el cerdo y el chorizo a la cazuela, añadir el apio, la cebolla, el ajo, el pimiento o los jalapeños, el bouquet garni y el chile picado. Remover 2 minutos más. Incorporar los tomates y el arroz, y remover para que se impregnen bien.

Echar el caldo caliente, recuperar la ebullición, tapar y proseguir la cocción a fuego lento. Dejar cocer 10-12 minutos sin destapar y agregar el jamón y las gambas. Tapar y dejar cocer otros 4-5 minutos hasta que·las gambas estén rosadas y firmes, el jamón caliente, el líquido casi consumido y los trozos de carne rollizos y tiernos. Remover con cuidado. Tapar la cazuela, apagar el fuego y dejar reposar 3-4 minutos. Servir en la misma cazuela.

La palabra «jambalaya» es criollo de Louisiana: *jam* viene del francés *jambon* (jamón), *à la* significa «de» o «con», y *ya* es una antigua palabra africana que designa el arroz. La jambalaya se relaciona con los platos *tiebe* senegaleses, los pilaus caribeños y la paella española. Se prepara con el trío culinario sureño de apio, pimiento verde y cebolla y un roux tostado de mantequilla y harina, elemento esencial de la cocina sureña.

3 cucharadas de aceite de maíz
2 cucharadas de harina normal (opcional)
375 g de chuletas de cerdo sin hueso o filetes de lomo, a trozos de 2,5 cm
375 g de chorizo, a trozos de 2,5 cm
8 muslos de pollo, sin huesos ni piel
2 tallos de apio, a rodajas
I cebolla grande, a rodajas
4 dientes de ajo, chafados
I pimiento verde, sin semillas ni corazón y a dados, o 2 jalapeños sin semillas
I bouquet garni (laurel, tomillo, perejil y salvia atados en manojo)
I cucharadita de chile picado
500 g de tomates rojos maduros y carnosos, picados
500 g de arroz blanco de grano largo
I litro de caldo de pollo o cerdo, hirviendo
125 g de jamón ahumado
250 g de colas crudas de gamba, con caparazón
sal y pimienta negra recién molida
4-6 raciones

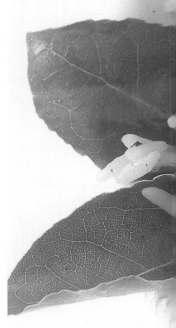

quingombó cajún
con aguaturmas

El quingombó tiene un pasado intrigante y exótico, de raíces francesas, españolas y africanas. Surgió de la necesidad pero ha alcanzado las más elevadas cimas de la gloria.

En la receta tradicional se abre el quingombó para mostrar su interior y que desprenda jugos pegajosos que enriquezcan la textura del plato. Yo prefiero cortar sólo un trocito del tallo, sin exponer el interior, con objeto de que quede tierno pero firme.

El polvo filé, espesante y saborizante tradicional hecho con árbol de sasafrás, se encuentra en tiendas especializadas.

2 cucharadas de aceite de oliva afrutado

250 g de chorizo, embutido picante cajún o criollo, a trozos grandes

6 muslos de pollo

2 cebollas, a cuartos

4 tallos de apio, hojas aparte, cortados a tijera

2 pimientos verdes, sin semillas y a dados

1 manojo grande de tomillo fresco

2 chiles picantes, tipo jalapeño o serrano, sin semillas y picados

1 cucharadita de granos de pimienta malagueta, chafados

2 cucharaditas de granos de pimienta blanca, chafados

250 g de aguaturmas, a rodajas finas

600 ml de caldo de cerdo, especiado

2 cucharadas de polvo filé (u hojas de tomillo con 2 cucharadas de arrurruz para espesar)

400 g (aprox.) de fríjoles enlatados, en su salsa

1-2 cucharaditas de salsa tabasco

250 g de arroz blanco de grano largo, de cocción rápida

125 g de quingombós, tallos un poco recortados

2 tomates, a dados

4-6 raciones

1 Calentar el aceite de oliva en una cazuela grande de base gruesa. Agregar los trozos de chorizo, los muslos de pollo y las cebollas a cuartos. Saltear 6-8 minutos hasta que estén ligeramente dorados.

2 Cortar los tallos de apio a trozos grandes (pero no las hojas) y añadirlos a la cazuela junto con el pimiento verde, el tomillo, el chile, la malagueta chafada y la pimienta. Saltear otros 5 minutos.

3 Agregar las aguaturmas cortadas a rodajas finas y el caldo especiado caliente, llevar a ebullición, tapar la cazuela, bajar la llama y dejar cocer 20 minutos más a fuego lento. Mezclar el polvo filé con un poco de agua.

4 Incorporar los fríjoles con su salsa, tabasco al gusto y la mezcla de filé verde. Calentar hasta que espese. Lavar y escurrir el arroz y pasarlo a una cazuela poco honda. Agregar el doble de su volumen en agua hirviendo.

5 Llevar el arroz a ebullición, tapar, bajar la llama y dejar cocer unos 15 minutos a fuego lento. Añadir los quingombós a los 8 minutos; se harán con el vapor del guiso. Dejar reposar 3 minutos.

6 Servir el quingombó con el arroz, en boles grandes, adornados con las hojas de apio y los tomates a dados. Otra opción es servir primero el quingombó y el arroz aparte para incorporarlo a la jugosa salsa.

La cocina de Florida es muy intrépida: marina el pescado con pasionaria y lima y luego emplea la marinada en el aderezo. El arroz salvaje, mezclado con judías negras y esa marinada picante y afrutada, proporciona una guarnición deliciosa y moderna.

pez espada a la plancha
con arroz salvaje y salsa de judías negras

4 rodajas de pez espada,
de unos 175 g y 1 cm de grosor cada una
6 dientes de ajo, cortados en 5 o 6 lonchas
sal y pimienta negra recién molida
Salsa de judías negras:
175 g de judías negras de soja secas,
(o 450 g de judías negras enlatadas)
1 cebolla, a cuartos
1 bouquet garni o un manojo de tomillo
175 g de arroz salvaje
Marinada de pasionaria y lima:
6 cucharadas de cilantro fresco picado
2 cebolletas, picadas
2 chiles picantes, sin semillas y picados
1 cucharadita de sal marina
la pulpa o el zumo de 6 pasionarias
1 cucharadita de cominos, chafados
2 pimientos rojos, sin semilla y a dados
150 ml de aceite de oliva virgen extra
1 cucharadita de granos de pimienta, chafados
el zumo de 6 limas
4-6 raciones

Para hacer la salsa, poner primero las judías secas a remojo en agua fría toda la noche. Al día siguiente, escurrir las judías y echar agua hirviendo sobre ellas hasta rebasarlas en 7 cm. Agregar la cebolla y el bouquet garni. Llevar a ebullición y dejar cocer $1\frac{1}{4}$-$1\frac{1}{2}$ horas a fuego lento, semitapadas, hasta que estén lo bastante blandas para que se deshagan entre los dedos. A los 45 minutos, poner el arroz salvaje en una cazuela con 900 ml de agua hirviendo. Recuperar la ebullición, tapar y dejar cocer 40-45 minutos a fuego lento hasta que los granos estén tiernos y algunos empiecen a abrirse por los extremos. Dejar reposar unos 10 minutos y colar.

Hacer 8 cortes en cada rodaja de pescado, 4 a cada lado, e insertar lonchas de ajo. Para hacer la marinada, mezclar la sal, la pasionaria, el comino, el pimiento rojo, el aceite, la pimienta y la mitad del zumo de lima. Batir un poco. Cuando el arroz esté a medio hacer, verter esta mezcla sobre el pescado y dejar marinar 20 minutos.

Reservar unas 6 cucharadas de judías y poner el resto en un bol con el arroz. En un cazo, hervir 1 minuto la marinada. Agregar el zumo de lima restante. Verter la mitad de esta mezcla en un bol e incorporar el resto al arroz y las judías. Para terminar la salsa, agregar al bol de la marinada el cilantro, las cebolletas, los chiles y las judías. Sazonar generosamente. Sazonar el pescado y hacerlo a la plancha $2\frac{1}{2}$-3 minutos: no más o se resecará. Colocarlo sobre la base de arroz y judías, agregar la salsa y servir caliente, tibio o frío, pero no muy frío.

arroz con guisantes
con salsa jamaicana picante

Los guisantes o las judías con arroz es una de las mejores combinaciones alimenticias del mundo. Dependiendo de la cultura y la ubicación, «guisantes» podrían ser fríjoles de carete, guisantes enanos, del Congo, guandules, judías rojas, judías negras o incluso habichuelas.

Consulte los diferentes tiempos de remojo y cocción de cada variedad en un buen libro de cocina: las habichuelas, por ejemplo, deben hervirse mucho para eliminar sus toxinas. En esta receta, los chiles caribeños se dejan enteros pero perforados para que den un sabor tan afrutado como picante.

500 g de guisantes o judías secos*
2 chiles perforados varias veces con una aguja
1 cebolla, a cuartos
750 g de bacon o jamón ahumado, o un codillo de jamón
500 g de arroz blanco de grano largo, o arroz blanco de cocción rápida
400 ml de leche de coco en lata
Salsa de chiles:
4 dientes de ajo, chafados
2 chiles verdes semipicantes, tipo jalapeño o serrano, sin semillas y picados
1 manojo de orégano fresco, cortado a tijera
1 manojo de perejil fresco de hoja lisa, cortado a tijera
8 cebolletas, picadas
el zumo de 5 limas o 3 limones
1 cucharada de mostaza francesa
sal al gusto
6-8 raciones

* Los guisantes o judías secos deben ponerse a remojo toda la noche y cocerlos, según la variedad, como se describe en el Paso 6.

1 Remojo: cubrir los guisantes o las judías con agua fría y dejarlos toda la noche, o verter agua hirviendo, tapar con una tapadera y dejar 1 hora a remojo. Escurrir. Si se emplean fríjoles, hervir 15 minutos a fuego vivo y desechar el agua.

2 Pasar las judías a una cazuela con agua hirviendo que las rebase en 7 cm. Agregar los chiles, la cebolla, el bacon, el jamón o el cerdo. Hervir 10 minutos, tapar parcialmente y dejar cocer a medio fuego hasta que las judías estén tiernas.

3 Agregar el arroz y la leche de coco. Cocer 16-18 minutos a fuego lento, tapando parcialmente. Escurrir el líquido en un cazo, reducirlo a 2 cucharadas e incorporarlo a las judías. Desechar los chiles. Retirar la carne, cortarla a rodajas y devolverla a la cazuela.

4 Para hacer salsa de chiles, chafar el ajo, quitar las semillas de los chiles, cortarlos a rodajas y trocear las hierbas. Poner todo en un robot de cocina con el resto de los ingredientes para la salsa. Triturar el tiempo justo que cuesta conseguir una salsa.

5 Retirar con cuidado de la cazuela los chiles enteros y desecharlos. Servir el arroz con guisantes en boles con un poco de salsa encima, y servir aparte el resto de la salsa.

6 Los tiempos de cocción para guisantes o judías previamente puestos a remojo son 40-50 minutos para fríjol o judía de lima negra, 1¼-1½ horas para fríjol de carete y 1½-2 horas para judía negra caribeña.

Muchos platos europeos de arroz son legado del pasado **colonial** del continente, en especial el ***kedgeree***, el plato favorito que Gran Bretaña heredó de los grandes días del Raj. España e Italia, sin embargo, han creado sus platos clásicos, la **paella** y el **risotto**, empleando variedades propias de arroz.

europa

Todo el encanto del *kedgeree*, ese vestigio hindú del pasado colonial británico, reside en ingredientes de primera calidad recién cocinados y fríos (ni helados ni calientes). Aunque tradicionalmente es un plato de desayuno, es perfecto para almuerzo, comida o cena tardía informal. Si dispone de otros ahumados como vieiras, mejillones, ostras o incluso almejas, también puede añadirlos al agua del escalfado para recalentarlos antes de mezclarlos con el arroz. Versátil, elegante, fácil y absolutamente delicioso, en especial cuando va acompañado de un sauvignon blanco o cava bien frío.

kedgeree
con pescado ahumado y nata líquida

500 g de eglefino ahumado
50 g de mantequilla sin sal
2 cebollas rojas, a rodajas finas
3-4 dientes de ajo, picados
I cucharadita de semillas de cilantro, chafadas
una pizca de cúrcuma o azafrán
250 g de arroz basmati blanco, cocido
2 huevos duros poco cocidos
100 ml de nata líquida
I chile rojo, sin semillas, escaldado y a rodajas finas (opcional)
sal marina y pimienta negra
ramitas de perejil, para servir

4 raciones

Escalfar el pescado 4-6 minutos en un poco de agua hasta que se desmenuce fácilmente. Desechar la piel, quitar espinas, romper el pescado en trozos y devolverlo al líquido de cocción aún caliente. Si piensa añadir algún otro ahumado, agregar al líquido de cocción en este momento.

Calentar la mantequilla en una cazuela y agregar las cebollas, el ajo, las semillas de cilantro y la cúrcuma o el azafrán y saltear 2 minutos. Añadir el pescado desmenuzado y escurrido, el arroz cocido, 1-2 cucharadas del líquido de escalfar y los huevos pelados y cortados a cuartos.

Tapar la cazuela y recalentar 2 minutos. Incorporar la sal y la pimienta negra recién molida, la nata y, si se quiere, el chile rojo.

Pasar a una fuente, adornar con ramitas de perejil y servir caliente. Unos triángulos de pan recién tostado son un buen acompañamiento.

Las *supplì* son bolas de arroz crujientes por fuera y blandas y pegajosas por dentro. El queso mozzarella gotea al fundirse y forma hilos o «alambres», origen de su encantador nombre en italiano. Emplee risotto sobrante de una comida anterior y prepare más arroz: las *supplì* son deliciosas. La clave está en asegurarse de que el arroz sea muy sabroso desde el principio: las *supplì* poco condimentadas son decepcionantes.

supplì al telefono

bolas de arroz y queso
con albahaca y piñones

50 g de piñones
1 kg de risotto cocido
y condimentado
2 huevos medianos, batidos
1 manojo de albahaca, muy picada
75 g de jamón de Parma,
a lonchas finas
cortadas en 36 cuadraditos
125 g de queso mozzarella
de búfala,
cortado en 36 tiras pequeñas
125 g de pan rallado
aceite de oliva, para freír
Salen unas 36 bolas; 6-8 raciones

Encender el grill del horno, forrar la bandeja con papel de aluminio y tostar los piñones, agitándolos de vez en cuando bajo el grill hasta que estén dorados por igual. Incorporarlos al arroz junto con los huevos y la albahaca. Mezclar bien. Formar, con las manos limpias, 36 bolitas del tamaño de una nuez. Con el dedo índice, hacer un agujero en el centro de cada una. Insertar un trozo de jamón y una tira de mozzarella. Cerrar la bolita y darle forma otra vez. Empanar y enfriar en la nevera.

Calentar el aceite a 190 °C en una freidora o una cazuela, o hasta que un dadito de pan se dore en 40 segundos. Freír varias bolitas a la vez en un cestillo, moviéndolas y dándoles la vuelta con pinzas, para que se doren uniformemente (unos 3 minutos). Procurar que haya suficiente aceite para cubrir las *supplì*, o se abrirán durante la fritura por expandirse desigualmente.

Escurrir sobre papel de cocina arrugado y mantener calientes hasta freír todas las *supplì*. Servir calientes como entrante o como tapa en reuniones de amigos.

caldo verde

Una sopa portuguesa clásica: picante, especiada y notablemente deliciosa. Contiene verduras frescas, buen caldo, ajo, chile, patatas y, en esta versión, también arroz. Una receta muy adaptable que varía desde esta forma espesa y sabrosa hasta caldos claros con unas cuantas patatas y verduras.

Calentar el aceite en una cazuela grande de base gruesa, agregar las cebollas, el ajo, el chile, el arroz y las patatas, y saltear 2-3 minutos.

Picar el perejil y el cilantro y reservar la mitad de cada. Añadir el resto a la cazuela, junto con la col y las verduras. Verter el caldo de cerdo y sazonar al gusto.

Llevar la sopa a ebullición, tapar y dejar cocer 20-25 minutos a fuego lento, o hasta que esté pulposa y tierna. Colar reservando el líquido y los sólidos, pero desechando el chile. Poner el perejil y el cilantro reservados en un robot de cocina o jarra de batidora, agregar un tercio del líquido y de los sólidos y hacer un puré. Devolver el puré y el resto de la sopa a la cazuela y recuperar la ebullición. Probar y rectificar de sal.

Mientras tanto, si se emplea bacon, cortarlo a mechas (tiras finísimas) o, si se emplea panceta, cortarla a dados. Echar las tiras o los dados en un cazo y saltearlos en su grasa hasta que estén dorados. Verter el contenido del cazo en la sopa. Calentar las semillas de alcaravea en un segundo cazo hasta que desprendan aroma, espolvorear por encima de la sopa y servirla acompañada de pan crujiente.

3 cucharadas de buen aceite de oliva virgen, manteca o grasa de tocino
2 cebollas, a cuartos y a rodajas
4 dientes de ajo, chafados
1 chile verde picante, tipo serrano, abierto a lo largo
125 g de arroz de grano largo
175 g de patatas, a dados de 1 cm
1 manojo grande de perejil fresco
2 manojos grandes de cilantro fresco
250 g de col verde, tipo Savoy
125 g de acelga, espinacas, hojas de remolacha o bróculi sin troncho
1,5 litros de caldo de cerdo bien sabroso
50 g de bacon o panceta
1-2 cucharaditas de semillas de alcaravea
sal marina y pimienta negra recién molida.

4-6 raciones

Una crema provenzal gloriosa que tiene los colores del sol y se hace con la carne naranja de la calabaza de otoño. Resulta ideal para consumirla en el jardín durante los calurosos días del verano, a la sombra de un árbol frondoso.

soupe de potiron

crema de calabaza
con arroz y tomillo

1 calabaza de 1,5 kg, sin piel ni semillas (sale 1 kg de pulpa)
1 cebolla grande, a rodajas
600 ml de caldo de pollo bien condimentado
1 cucharadita de chile seco picado
1¼ cucharaditas de sal
1 rama de canela, partida
1 manojo pequeño de tomillo, y un poco más para servir
1 hoja de laurel fresco, majada
100 g de arroz blanco de grano largo
300 ml de leche entera
6 raciones

Cortar a dados la pulpa de calabaza y pasarla a una cazuela con la cebolla, el caldo, el chile, la sal, la canela, el tomillo y el laurel. Llevar a ebullición, tapar y dejar cocer 20 minutos o hasta que esté hecho. Mientras tanto, echar el arroz en otra cazuela con agua hirviendo que lo rebase en 2,5 cm. Llevar a ebullición, tapar, bajar la llama y dejar cocer 15 minutos a fuego lento hasta que se haya consumido gran parte del agua. Cuando las hortalizas estén blandas y pulposas, retirarlas y desechar el laurel y el tomillo. Reservar la canela.

Ir pasando porciones de sopa por la batidora (no el robot, pues no quedaría sedosa) hasta conseguir una consistencia cremosa. Agregar el arroz escurrido y la leche, probar y rectificar de sal. Llevar a ebullición, dejar cocer 5 minutos a fuego lento y servir con tomillo espolvoreado por encima y unos cuantos fragmentos de la canela reservada.

Nota: Esta crema debe servirse bien fría, con pan caliente de ajo o de hierbas, o con *fougasse*, un pan provenzal.

La harina de trigo sarraceno suele combinarse con harina normal para conseguir mejores resultados. Aquí se emplea harina de arroz para dar blandura y un suave dulzor que equilibra el sabor a nuez del trigo sarraceno. En esta receta, más rápida y fácil, se añade el huevo entero en lugar de yema y clara por separado.

blinis de arroz y trigo sarraceno

100 g de harina de arroz
100 g de harina de trigo sarraceno
2 cucharaditas de levadura micronizada, o una bolsita de 15 g
450 ml de leche
2 cucharadas de aceite de oliva virgen extra
1 cucharada de miel clara
1 cucharadita de sal marina en copos
1 huevo
6-8 cucharadas de aceite de oliva, manteca o mantequilla clarificada, para freír
Para untar:
un surtido de: mantequilla fundida y crema agria; nata líquida (unos 50 g por persona) con 1 cucharada de cebollinos picados; caviar beluga o *keta* (huevas de salmón); trucha, salmón, halibut o esturión ahumado; arenques en salmuera (unos 50 g por persona)
Salen unos 48.

Mezclar las harinas con la levadura en polvo. Entibiar la leche calentándola en un cazo o 1 1/2 minutos en el microondas a potencia máxima. Agregar el aceite, la miel y la sal y remover.

Verter todo el líquido de una vez sobre los ingredientes secos. Batir hasta formar una pasta con consistencia de crema espesa. Dejar reposar esta pasta en un lugar cálido 20-40 minutos (o más si tiene tiempo), o hasta que aparezcan burbujas. Incorporar el huevo. Calentar una (o dos) sartenes de base gruesa. Añadir un poco de aceite, manteca o mantequilla clarificada. Verter 4 cucharadas de pasta en la sartén para formar 4 tortitas. Freír 1 minuto a fuego moderado hasta que se formen burbujas en los bordes. Dar la vuelta a las tortitas y freír otro minuto o hasta que estén firmes y doradas. Mantener calientes hasta que estén todas hechas.

Servir con un surtido de las mezclas que se sugieren para untar, como de nata y cebollino, y la crema agria con caviar de la ilustración, junto con un vasito de vodka helado.

Nota: Para acelerar el proceso de cocción, use dos sartenes; así, los blinis se hacen en menos de 15 minutos y quedan aterciopelados y frescos.

Esta versión vegetariana del plato clásico procede de un *kafenion* de la isla jónica de Zante, donde abundan los frutos secos. Sírvalos de entrante —como parte de una mezcla de *meze* con feta, aceitunas y chiles encurtidos, por ejemplo— y siempre con un bol de auténtico y denso yogur natural griego. Un vaso de ouzo es una delicia extra.

dolmades griegos

**250 g de hojas de vid frescas
o encurtidas y escurridas (unas 50-60)
250 g de cebolla, a cuartos y luego
a rodajas finas
125 g de cebolletas, a rodajas finas
1 manojo grande de hierbas frescas:
perejil, menta y/o eneldo, picadas
150 ml de aceite de oliva virgen extra
150 g de arroz de grano largo, puesto
un rato a remojo en agua fría
50 g de pasas de Corinto
25 g de piñones
2 limones
600-750 ml de caldo de verduras,
hirviendo
2 cucharaditas de sal
pimenta negra recién molida**
Para servir:
**1 tarro de yogur griego de 250 ml
2 limones, cortados en medias lunas**
Salen 45-55; 6-8 raciones

Si utiliza hojas de vid encurtidas, ponerlas en un colador bajo el grifo de agua fría hasta que la pica esté medio llena. Sacudirlas y dejarlas escurrir. Si las hojas son frescas, escaldar 5-6 a la vez durante 1 minuto en una cazuela grande con agua salada hirviendo. Aclararlas en agua fría y escurrir. Mezclar las cebollas y las cebolletas con las hierbas, la mitad del aceite y el arroz escurrido. Sazonar al gusto. Incorporar las pasas, los piñones y el zumo de 1 limón. Poner 1 cucharadita de relleno bien colmada en el extremo más ancho de cada hoja. Enrollar ese extremo y superponer en el centro los dos picos laterales, sin apretar demasiado. Cerrar el envoltorio y poner boca abajo, dejando sitio para la expansión. Proseguir hasta consumir todo el relleno. Poner la mitad de las hojas restantes en el fondo de una cazuela o sartén grande, superponiendo cada hoja. Disponer los dolmades en círculos concéntricos. Tapar con la otra mitad de las hojas y un plato llano resistente al calor. Incorporar caldo hirviendo justo hasta cubrir las hojas, agregar la sal y llevar a ebullición; tapar, bajar la llama y dejar cocer 45-55 minutos a fuego lento o hasta que el arroz esté pegajoso, ahuecado y tierno. Dejar reposar 10 minutos sin tocar. Escurrir si es necesario. Servir caliente o tibio, pero no frío. Rociar con el aceite restante y servir con yogur y medias lunas de limón.

paella valenciana

paella
de pollo, gambas y calamares

La paella española es un hermoso plato único. Utilice arroz de grano corto tipo Calasparra o arroz italiano para risotto. Ponga 75-100 g de arroz por persona y deje cocer unos 18 minutos (o 25-30 si es Calasparra, que también puede necesitar más agua). El fuego vivo, el no remover y el hecho de que el arroz vaya directamente al líquido hirviendo hacen la paella muy diferente del risotto. Esta receta no es la más típica, pero resulta muy sabrosa.

8 calamares pequeños

1 kg de mejillones frescos, lavados

150 ml de vino blanco

6 cucharadas de aceite de oliva virgen extra

500 g de pollo, cortado a trozos

750 g de chorizo, cortado a trozos

16 gambas crudas, medianas, con caparazón y sin cabeza (reservarlas para el caldo)

8 cigalas crudas

1 cebolla grande, a rodajas

2 pimientos rojos, sin semillas y a dados

1 cabeza de ajos entera

2 tomates grandes y carnosos, picados

2 cucharaditas de pimentón dulce

500 g de arroz para paella

250 g de habas sin vaina

una pizca de azafrán en hebras

6 cucharadas de perejil fresco picado, para servir (opcional)

Caldo de pescado:

las cabezas de las gambas

1 kg de espinas o cabezas de pescado blanco

1 bouquet garni grande (tomillo, laurel, perejil, apio y piel de naranja atados)

2 cucharaditas de granos de pimienta negra

1 cebolla, a cuartos

2 zanahorias, a trozos

300 ml de vino blanco

1,5 l de agua fría

1-2 cucharaditas de sal marina

8 raciones

1 Para hacer el caldo, poner en una cazuela todos los ingredientes excepto la sal, llevar a ebullición y dejar cocer 10-15 minutos a fuego lento. Espumar varias veces. Colar, pasar a una cazuela limpia y proseguir la cocción 15-20 minutos. Sazonar.

2 Para preparar los calamares, hay que empezar por quitar los tentáculos, que se reservarán. Acto seguido se procederá a vaciar la bolsa y desechar el contenido. Como opción personal, se puede retirar la piel si se quiere.

3 Desechar cualquier mejillón abierto. Pasarlos a una cazuela con el vino blanco. Hervir a fuego vivo, tapados, hasta que se abran (1-2 minutos) Retirarlos uno a uno y reservar. Colar el líquido e incorporarlo al caldo (quedan 1,5 litros).

4 Calentar la mitad del aceite en una paellera. A continuación, agregar las gambas, las cigalas y los calamares y freír brevemente. Hecho esto, retirar y reservar. Añadir el pollo y el chorizo y dorar 10-12 minutos a fuego moderado.

5 Agregar la cebolla, el pimiento, el ajo, los tomates, el caldo y la mitad del pimentón. Llevar rápidamente a ebullición, incorporar el arroz y dejar cocer 16-18 minutos o hasta que el arroz esté hecho, sin tapar ni remover.

6 Añadir las habas, el azafrán, el resto del pimentón y el aceite. Remover, agregar el marisco y dejar cocer 8-10 minutos a fuego muy bajo hasta que el arroz esté hecho y seco. Agregar más caldo o agua si es necesario. Servir, espolvoreada con perejil.

El risotto italiano es un plato de sabor muy franco si se utilizan ingredientes de primera calidad. Son esenciales la mantequilla fresca, el mejor arroz para risotto, como el Carnaroli o el Arborio, un vaso de buen vino y un caldo fuerte y sabroso.

risotto alla milanese

risotto al azafrán

75 g de mantequilla salada

1 cebolla mediana, a rodajas

3-4 dientes de ajo, chafados (opcional)

450 g de arroz blanco italiano

125 ml de vino blanco

un buen pellizco de hebras de azafrán

¼ cucharadita de sal marina en copos

(o, si el caldo es salado, de azúcar)

1 litro de caldo de pollo hirviendo

75 g de queso parmesano fresco

(o grana padano),

a lonchas finas

pimienta negra recién molida

ramitas de perejil fresco, para servir

Variación: Risotto de setas silvestres:

25 g de rebozuelos secos, partidos

25 g de colmenillas, partidas

1 litro de caldo de pollo hirviendo

125 ml de buen vino tinto

una ramita de perejil, para servir

(omitir el azafrán y la sal)

4 raciones

Calentar 50 g de mantequilla en una cazuela de base gruesa. Añadir la cebolla y el ajo, si se emplean, y freír 1 minuto a fuego suave. Incorporar el arroz y el vino. Dejar hervir. Picar el azafrán, la sal o el azúcar en un mortero y agregar un cucharón de caldo. Verter la mitad de esta mezcla sobre el arroz y reservar el resto. Dejar que el arroz siga hirviendo, agregando cucharones de caldo a intervalos, hasta consumir todo el líquido y que el arroz lo absorba (unos 28 minutos). Debe estar tierno pero muy suculento, húmedo y brillante. O bien echar todo el caldo de vez y cocer 28-32 minutos a fuego bajo, removiendo con cuidado de vez en cuando.

Agregar el resto de la mantequilla y el azafrán, incorporar la mitad del queso y algo de pimienta. Para servir, espolvorear con el resto del queso y adornar con ramitas de perejil fresco.

Para el risotto con setas, poner las setas en una cazuela y añadir el caldo caliente. Tapar y dejar cocer 10-15 minutos a fuego lento, hasta que el líquido esté oscuro y sabroso. Colar y reservar. Lavar las setas. Seguir como para hacer risoto al azafrán pero omitiendo el azafrán y la sal o el azúcar, y emplear vino tinto en lugar de blanco. Las setas lavadas se cuecen con el arroz. Aunque los puristas no pondrían queso, yo siempre lo pongo.

arroz de la camarga
con pechugas de pato a la brasa

El arroz rojo de la Camarga (Sur de Francia) es una variedad casual de un bonito color marrón rojizo. Integral, duro e interesante, parece destinado a convertirse en un ingrediente nuevo y de moda. Variedades similares de arroz rojo crecen en otras zonas, como la India y América del Sur.

Rebozar el pato en ajo, estragón picado, miel y granos de pimienta y marinarlo 15 minutos.

Echar el arroz en una cazuela grande de base gruesa, cubrir con el caldo, recuperar la ebullición, tapar y dejar cocer 30 minutos a fuego lento.

Para hacer el confit de cebolla, poner en una cazuela las rodajas de cebolla escaldadas junto con la gelatina y el vinagre, y remover hasta que la gelatina se disuelva y forme una capa brillante. Reservar.

Aceitar y precalentar la plancha. Cuando el arroz esté casi hecho y el caldo casi consumido, poner los magrets, piel hacia abajo, sobre la plancha. Rociar con el aceite restante, oprimir los magrets con una espátula y asar 8-10 minutos en total. Por fuera la carne debe quedar chamuscada y algo caramelizada, pero el centro, al presionar con un dedo, debe notarse semiblando: rosado pero bien caliente.

Poner la pechugas asadas sobre el arroz cocido y rociar con la marinada restante. Tapar la cazuela y dejar cocer 10 minutos más a fuego bajo. Retirar los magrets, reservar y dejar reposar. Incorporar casi todo el confit de cebolla al arroz (escurrido si hace falta).

Servir el arroz en platos calientes. Cortar las pechugas a lonchas y disponerlas sobre el arroz, agregar generosas cucharadas de nata muy fría, una ramita de estragón y un chorrito de confit de cebolla.

4 magrets de pato, de 1 kg en total

4 dientes de ajo, chafados

4 ramitas de estragón, picadas a tijera, y 4 ramitas enteras para servir,

2 cucharadas de miel aromática clara

2 cucharaditas de granos de pimienta verde, chafados

2 cucharadas de aceite de oliva virgen extra

8 cucharadas de nata líquida, para servir

Arroz rojo de la Camarga:

400 g de arroz rojo de la Camarga, de grano largo

(o arroz rojo americano)

750 ml de caldo de pato, pollo o cerdo, hirviendo

Confit de cebolla:

2 cebollas rojas, a rodajas finas, brevemente

escaldadas en agua hirviendo y secas

4 cucharadas de gelatina de grosella negra, grosella roja o guayaba

2 cucharadas de vinagre de vino tinto

4 raciones

Un periodista y epicúreo ateniense me enseñó este suculento relleno de arroz de estilo bizantino que pongo en el pavo de Navidad. Es igualmente bueno con otros tipos de ave de granja, de caza o aves más grandes enteras (agregar a la bandeja del horno 35-40 minutos antes de finalizar el tiempo de cocción).

relleno de arroz y castañas
con pechugas de pavo asadas

I¹/₄ kg de pechugas de pavo
aceite de oliva virgen extra
4 cucharadas de ouzo griego (o raki)
sal y pimienta negra recién molida
Relleno de arroz y castañas:
2 cebollas, picadas
4 dientes de ajo, picados
100 g de orejones de albaricoque
o higos secos
50 g de nueces
50 g de almendras tostadas saladas
I naranja pequeña
8 cucharadas de aceite de oliva
virgen extra
250 g de arroz blanco de grano largo
100 g de pasas sin pepitas
375 g de castañas precocinadas,
sin azúcar ni piel
25 g de piñones
I cucharadita de pimienta
malagueta, chafada
2 cucharaditas de canela molida
2 cucharaditas de orégano seco
I manojo grande de perejil fresco,
picado a tijera
750 ml de caldo de pollo o pavo
6-8 raciones

Untar el pavo con aceite, sal y pimienta y ponerlo en la bandeja del horno. Asar, sin tapar, en el horno precalentado a 190 °C calculando 20 minutos por cada 500 g y 20 minutos de más: unos 70 minutos en total.

Para hacer el relleno, picar primero los orejones, las nueces, las almendras y la naranja, incluidas la piel y la médula. Calentar el aceite en una cazuela de base gruesa y saltear 2 minutos las cebollas, el ajo y el arroz; agregar los ingredientes del relleno. Llevar a ebullición, tapar y dejar cocer 8 minutos a fuego lento o hasta que el arroz esté parcialmente cocido y buena parte del líquido consumido. (El pavo debe llevar en el horno unos 40 minutos.)

Disponer el relleno de arroz y su líquido alrededor del pavo. Rociar con ouzo. Tapar la bandeja con una doble capa de papel de aluminio ciñéndola muy bien a los bordes. Devolver al horno unos 30-35 minutos.

Retirar la bandeja y comprobar que el pavo está hecho: los jugos deben salir claros, sin rastro de rojo, cuando se pincha con un cuchillo la parte más carnosa de la pechuga. (Recoger los jugos en una cuchara de metal para ver el color.) Dejar que el pavo y su relleno reposen 5 minutos en un lugar cálido, para que desarrollen el máximo de suculencia. Trinchar el pavo en lonchas grandes e iguales.

Servirlo con unas cucharadas de relleno, bien mientras está aún caliente, o frío al día siguiente. Los cogollos de lechuga con aliño de yogur son un excelente acompañamiento.

kohlrouladen

hojas de col rellenas
con chucrut y salsa de pimiento rojo

Al modo tradicional, este sustancioso plato cocinado al horno debe servirse con salsa de tomate y pimientos verdes. En esta versión se emplean pimientos rojos de lata, asados y sin piel, que conservan tanto el color como el sabor. También puede preparar pimientos asados, pelarlos y aliñarlos con un poco de vinagre afrutado. Los pimientos rojos, los chiles rojos picantes y el pimentón son elementos integrales de las cocinas de muchos países lindantes con Alemania.

500 g de chucrut preparada
100 g de arroz blanco de grano largo
1 col, de 750 g-1 kg
3 cebollas, picadas
2 cucharaditas de semillas de alcaravea
1 manojo grande de tomillo fresco
1½-2 cucharaditas de sal
500 g de carne de cerdo, bacon o jamón, picados
50 g de mantequilla salada, a dados
4 tomates maduros, picados
100 g de puré de tomate
2 cucharadas de concentrado de tomate
1 lata de 400 g de pimientos asados y sin piel, picados
¼ cucharadita de pimienta de cayena
6-8 lonchas de bacon ahumado, sin corteza (opcional)
4-5 raciones

1 Escurrir la chucrut y lavarla con agua fría si su sabor es muy agrio. Secarla bien y extenderla sobre el fondo de una fuente para horno. Cocer 10 minutos el arroz en agua hirviendo con sal o hasta que esté parcialmente hecho. Escurrir y reservar.

2 Quitar el troncho de la col y arrancar 16 hojas perfectas. Escaldarlas de 2 en 2 en una cazuela grande con agua hirviendo, hasta que estén lacias (2-3 minutos para hojas exteriores, menos para las interiores). Refrescarlas en agua fría y escurrir.

3 En el robot, mezclar 2 de las cebollas picadas con la alcaravea, el tomillo, la sal, una cuarta parte del cerdo y la chucrut restante. Amasar esta mezcla junto con el arroz cocido y el resto del cerdo. Formar con la misma 16 porciones.

4 Recortar y desechar el centro duro de cada hoja. Dar forma a las 16 porciones de mezcla y poner una en la base de cada hoja. Envolver cada porción, dar la vuelta a la hoja remetiendo los laterales y acabar de enrollar dejando la «costura» debajo.

5 Para hacer la salsa, calentar la mantequilla en un cazo y sofreír el resto de la cebolla hasta que esté dorada. Agregar los tomates, el puré de tomate, el concentrado de tomate, los pimientos y la cayena. Cocer 3-4 minutos. Pasar por la batidora y hacer un puré.

6 Echar un poco de salsa en una bandeja de horno, poner los rollos, la chucrut y, si se quiere, el bacon, tapar con papel de aluminio y meter en el horno precalentado a 180 °C durante 1 hora. Destapar y dejar otros 30 minutos. Rociar con salsa y servir.

helado de arroz y miel
con naranja y azafrán

125 g de arroz blanco de grano corto, para budín
600 ml de zumo de naranja recién hecho
una generosa pizca de azafrán en polvo
600 ml de nata líquida para montar
1 cucharada de Cointreau, Grand Marnier
o licor triple seco
2 cucharaditas de corteza de naranja,
cortada a tiras finas con un raspador de cítricos
4-6 raciones

Un helado insólito que, en lugar de hacerse con huevo, fruta y nata, se hace con arroz de grano corto o redondo hervido en zumo de naranja hasta que está tan tierno que forma una especie de natilla gelatinosa. Una advertencia es que los helados hechos con fécula precisan «ambientarse» en la nevera durante 1 hora; está mucho mejor que si se come recién salido del congelador (demasiado quebradizo) o se descongela a temperatura ambiente (blando por fuera, duro por dentro). Deje que el helado se «ambiente» en la nevera mientras sirve los platos anteriores. Una receta deliciosa, fácil y exótica.

En una cazuela mediana, mezclar el arroz, 450 ml de zumo de naranja y 50 ml de agua hirviendo. Llevar a ebullición, bajar la llama, tapar y dejar cocer 20 minutos a fuego lento con la llama al mínimo, hasta que el arroz esté blando y el líquido muy reducido. Remover bien y dejar enfriar 5-10 minutos sobre hielo. Incorporar la miel, el resto del zumo, el azafrán en polvo, la nata, el licor y la corteza de naranja y remover de nuevo. Preparar la heladora y, con las paletas funcionando, verter la mezcla. Batir 18-20 minutos o hasta que la mezcla quede lo bastante sólida para que el sonido de la cuchilla al rotar sea rítmico.

Pasar la mezcla a un bol de Pyrex o un molde rectangular de 1 litro de capacidad y alisarla. Tapar y meter el helado en el congelador 2 horas o más.

Una hora antes de servir, pasarlo a la nevera para que se ablande. Destapar. Envolver el molde con trapos calientes o sumergirlo unos instantes en agua caliente. Volcar el helado. Servir a tajadas con galletas crujientes o barquillos.

Para hacer helado en el congelador doméstico: Poner el mando en la posición más baja de «congelado rápido». Verter la mezcla en un recipiente de polipropileno no rígido de 1 litro de capacidad. Encajar la tapa. Dejar la mezcla 1 1/2 horas en el congelador o hasta que sus bordes se hayan endurecido pero siga blanda por dentro. Con batidora eléctrica o de globo, batir los bordes para incorporarlos a la mezcla blanda. Tapar de nuevo.

Otra alternativa es volcar el helado semicuajado en un robot de cocina y triturarlo hasta conseguir un aguanieve uniforme. Devolver al recipiente. Tapar. Dejar 1 1/2 horas en el congelador. Repetir la operación anterior. Recongelar unas 2 horas.

Las tradiciones culinarias de Oriente Medio están, gracias a la historia, inextricablemente vinculadas a las grandes civilizaciones de **Persia** y de **Bizancio**. Platos tales como los pilafs y los pulaus han peregrinado por todo el mundo para acabar siendo paella española o incluso jambalaya estadounidense.

oriente medio

Un plato clásico, generalmente preparado en 3 o 4 fases distintas, que aquí se simplifica. Un soberbio plato de fiesta con un aspecto impresionante y fácil de hacer una vez que se han terminado las fases iniciales.

zarda palau

pulau de pollo con almendras,
naranja y pistachos

2 naranjas, lavadas y secas
175 g de azúcar granulado
2 generosos pellizcos
de hebras de azafrán
o 4 pellizcos de azafrán en polvo
50 g de mantequilla ghee
o mantequilla normal
125 g de almendras escaldadas
4-6 pechugas de pollo o pintada,
deshuesadas y sin piel,
cortadas en 4 trozos
2 cebollas, cortadas a aros
500 g de arroz basmati blanco
50 g de pistachos,
pelados y escaldados
sal y pimienta negra recién molida
6-8 ramitas de menta, para adornar

4-6 raciones

Con un raspador para cítricos, pelar la naranja extrayendo tiras largas. También puede hacerse con un mondador y cortar luego las mondas a tiras finas. Escaldarlas vertiendo agua hirviendo por encima, refrescarlas en agua fría y escurrir.

Poner el azúcar en una cazuela con las tiras de naranja y unos 175 ml de zumo y hervir 5-8 minutos, hasta que espese y tenga consistencia de almíbar. Agregar el azafrán, remover y apartar.

Calentar la mantequilla en una cazuela. Dorar un poco las almendras, retirarlas con la espumadera y reservar. Añadir las pechugas, dorar 2-3 minutos por cada lado, retirar y reservar.

Agregar las cebollas y cocer a fuego moderado hasta que estén blandas y translúcidas. Devolver las pechugas a la cazuela, añadir los condimentos y 1 litro de agua hirviendo y remover para disolver el sedimento. Incorporar el arroz y recuperar la ebullición. Tapar, bajar la llama y dejar cocer 12-15 minutos en fuego de gas o 35-45 minutos en horno precalentado a 150 °C. Quitar la tapadera: el arroz debe estar bastante hinchado y tierno y el líquido consumido.

Espolvorear con la mezcla de almendras, pistachos y azafrán, reservando las tiras de corteza. Tapar y proseguir la cocción otros 5 minutos en el fuego o 10-15 minutos en el horno. Añadir las tiras reservadas, enroscándolas con gracia encima del arroz. Adornar con la menta y servir caliente directamente de la cazuela.

Unas hojas tiernas de lechuga, verduras para ensalada, pan pita caliente y un buen bol de yogur natural acompañan bien a este plato.

Tess Mallos, escritor y experto en cocina de Oriente Medio, dice que este antiguo plato de arroz satisfacía perfectamente las necesidades calóricas y de azúcar en sangre de los buscadores de perlas de Bahrein que buceaban, en condiciones peligrosas, hasta profundidades considerables aguantando 10 minutos seguidos en cada zambullida. La combinación de suculencia, dulzor y buen sabor es notable e intrigante. Tradicionalmente este plato se sirve con platos de cordero o de pescado y marisco.

arroz del buscador de perlas
con azafrán y miel

unas hebras de azafrán

o un generoso pellizco
de azafrán en polvo

8 vainas verdes de cardamomo, chafadas

2 cucharadas de agua de rosas

I litro de caldo de cordero o pollo, hirviendo

500 g de arroz basmati blanco

2 cebollas, cortadas a aros

2 cucharaditas de sal

75 g de miel clara

50 g de mantequilla ghee o mantequilla normal,
cortada en 8 trozos

I manojo grande de perejil,
eneldo o menta,
fresco y picado a tijera (opcional)

4-6 raciones

Mezclar el azafrán, las semillas negras de las vainas de cardamomo, el agua de rosas y 4 cucharadas de caldo hirviendo en un bol pequeño y ponerlo al baño maría mientras se hace el arroz.

Poner el arroz, las cebollas y la sal en una cazuela grande de base gruesa y echar el resto del caldo. Llevar a ebullición, tapar, bajar la llama y dejar cocer 10 minutos a fuego lento o hasta que el líquido se haya consumido.

Verter por encima la mezcla puesta al baño maría y rociar la superficie con miel. Abrir 8 huecos hondos en el arroz e introducir un trocito de mantequilla en cada uno. Tapar la cazuela y dejar cocer otros 5 minutos. Retirar del fuego, envolver la cazuela en un trapo, dejar reposar otros 10 minutos y servir caliente espolvoreado, si se quiere, con perejil, eneldo o menta.

Ésta es una versión fácil y modernizada de un plato iraní tradicional. El baharat, condimento de especias, es un componente importante: emplee el sobrante para otros platos. Guárdelo en un recipiente hermético y llene un molinillo de especias cuando quiera utilizarlo en la mesa.

salchicha de cordero y arroz
con perejil, lima y especias

1 manojo grande de perejil

1 manojo grande de cilantro fresco

500 g de carne de cordero, picada 2 veces

4 dientes de ajo, chafados

1 cebolla, a rodajas finas

2 cucharaditas de sal marina

2 cucharadas de canela molida

250 g de arroz marrón hervido

Caldo de lima y cordero:

600 ml de caldo de cordero, hirviendo

1 manojo grande de perejil, chafado

la corteza (a trozos grandes) y el zumo de 1 lima

Baharat:

1 cucharada de granos de pimienta negra

1 cucharada de semillas de cilantro,

1 de comino y 1 de clavos

1 barra de canela en rama

2 cucharadas de pimentón picante

$\frac{1}{2}$ nuez moscada, rallada

4 raciones

Picar con tijeras el perejil y el cilantro. Mezclarlos con el cordero, el ajo, la cebolla, la sal, la canela y el arroz hervido. Amasar para hacer una pasta densa y homogénea y dividirla en 6 trozos. Con las manos limpias, estirar cada trozo hasta formar una salchicha de unos 20 cm de largo. En una fuente plana circular de tipo Pyrex, colocar sucesivamente las salchichas formando una espiral y uniendo bien los extremos. La espiral completa debe tener unos 30 cm de diámetro. Poner bocabajo una sartén honda de base gruesa sobre la fuente e invertir ambas: la salchicha quedará comprimida por la fuente mientras se hace. Verter el caldo hirviendo sobre la salchicha, chafar los tallos de perejil y agregarlos a la sartén junto con la corteza de lima. Llevar a ebullición (8-10 minutos), bajar la llama, tapar y dejar cocer a fuego lento 20 minutos más. Para hacer el baharat, poner todos los ingredientes en un robot de cocina y triturarlos. Reservar 2 cucharadas para este plato y guardar el resto para emplearlo en otros platos.

Cuando la salchicha esté hecha, colar el líquido. Poner una fuente sobre la sartén, invertir ambas y luego retirar la sartén. Pasar la salchicha a una fuente de servir. Rociar con zumo de lima y espolvorear con baharat. Servir con una ensalada verde y arroz con mantequilla o aromatizado con azafrán.

Nota: El arroz marrón se hace muy rápidamente en la olla a presión. Dejar cocer 15-20 minutos (la tercera parte del tiempo de cocción normal), siguiendo las instrucciones del fabricante.

hortalizas rellenas
con arroz y guindas secas

Los condimentos persas son fascinantes y refrescantes. Este plato tiene una mezcla de especias a base de pimienta, canela y menta (conocida como *nano dok*), y cúrcuma, comino y sumak, un polvo amargante marrón rojizo. Puede ser difícil encontrar bérberos o guindas secas, pero en su lugar pueden usarse arándanos secos. No obstante, estos ingredientes se encuentran en establecimientos especializados en alimentación oriental y en ¡supermercados con visión de futuro! Tanto el arroz blanco de grano corto como largo (el basmati es el preferido) van bien para este plato de verduras casero pero delicioso.

4 tomates rojos grandes, con el extremo superior cortado y reservado
4 pimientos grandes, con tallo
2 cucharadas de mantequilla ghee o mantequilla clarificada
2 dientes de ajo, picados
2 cebollas, picadas
250 g de carne de cordero, picada 2 veces
2 barras de canela en rama, chafadas
1 cucharadita de cúrcuma en polvo
1 cucharadita de semillas de comino, chafadas
1 cucharadita de pimienta negra partida
1 cucharadita de sumak (opcional)
50 g de guindas secas, bérberos o arándanos
100 g de arroz blanco de grano corto, de basmati u otro de grano largo
100 g de bulgur (o de trigo partido)
750 ml de caldo de cordero o pollo
½ cucharadita de sal
2 cucharaditas de menta seca o 2 cucharadas de menta fresca picada
Para servir (opcional):
8 ramitas de menta
250 g de yogur de leche de oveja o cabra
pan pita, lavash, taftoon u otro pan plano oriental
4 raciones

1 Vaciar los tomates y pasar pulpa y semillas a la batidora. Partir los pimientos por la mitad y quitar y tirar las semillas y las membranas. Asar los tomates y pimientos en el horno precalentado a 200 °C, entre 6-10 minutos.

2 Mientras tanto, calentar el ghee o la mantequilla en una cazuela de base gruesa y saltear 5-6 minutos a fuego fuerte, removiendo con frecuencia, el ajo, las cebollas, la canela, la cúrcuma, el comino, la pimienta y, si se emplea, el sumak.

3 Triturar la pulpa y semillas del tomate y agregarlas a la cazuela junto con la fruta seca, el bulgur y 600 ml de caldo. Sazonar con sal. Llevar a ebullición, tapar y dejar cocer 10 minutos a fuego lento.

4 Rellenar las hortalizas con la mezcla y rociar cada una con 1 cucharada de caldo. Colocar la parte superior de los tomates en su sitio. Cubrir la bandeja con una doble capa de papel de aluminio y devolver al horno.

5 Reducir la temperatura del horno a 180 °C y hornear 40-45 minutos o hasta que el arroz esté esponjoso, el líquido absorbido y las hortalizas desprendan un olor aromático y dulce.

6 Servir caliente con una cucharada de yogur por encima, si se quiere (quitar primero la tapa a los tomates). Espolvorear con menta fresca o seca y servir con ramitas de menta y pan oriental para untar los jugos.

Tradicionalmente en este plato se empleaba «leche» de almendras, que se obtenía moliendo almendras escaldadas, infundiéndolas en leche y luego exprimiendo el líquido; las almendras se desechaban. Como son caras, yo hago la infusión pero no las tiro. Las natillas salen algo más arenosas y granuladas, pero son igualmente deliciosas. Algunas personas detestan el sabor a mazapán de la esencia de almendras; en su lugar puede utilizarse licor Noyau o Amaretto.

keskül
natillas de arroz y almendras
con bayas o con granada

750 ml de leche

100 g de almendras muy frescas, molidas

1 pellizco grande de sal

50 g de arroz molido

150 ml de nata líquida

75 g de azúcar glas

$^1/_8$-$^1/_4$ cucharadita de esencia de almendra

o 2-3 cucharadas de licor Noyau

Para servir:

1 granada madura

o 175 g de bayas blandas, como moras o grosellas blancas o rojas

25 g de pistachos o láminas de almendra tostada (opcional)

15 g de azúcar glas (opcional)

4-6 raciones

Hervir 250 ml de leche hasta que espumee, verterla sobre las almendras molidas, remover bien y pasar la mezcla a una batidora o robot de cocina. Batir 10 segundos.

Mezclar la sal, el arroz molido y la nata. Calentar el resto de la leche hasta que espumee. Verterla sobre la mezcla de arroz molido y nata y batir. Devolver a la cazuela, llevar a ebullición, dejar cocer 2-3 minutos a fuego lento, removiendo, hasta que espese. Agregar la mezcla de almendras y leche y el azúcar.

Proseguir la cocción, removiendo, y retirar del fuego. Enfriar las natillas sobre agua helada. Cuando estén casi frías, incorporar la esencia de almendras o el licor. Verter la mezcla en 4-6 boles pequeños y enfriar en la nevera.

Si se emplea granada, abrirla, sacar los granos y poner un montoncito encima de cada bol. Si se emplean bayas, quitar los tallos y disponerlas igual.

Espolvorear con láminas de almendra y azúcar glas. Servir calientes, frías o heladas: se espesan más cuando reposan. Pueden acompañarse con galletas.

Desde Marruecos hasta Ciudad de El Cabo, desde **África del Este hasta Zanzíbar**, la cocina africana es enormemente diversa. De los platos de **influencia islámica** en el Norte a los currys hindúes en las costas del Este, pasando por los **platos tradicionales** que los esclavos llevaron hasta las Américas.

áfrica

Los países que comercian con especias, como Portugal, la India e Irak, han ejercido una fuerte influencia en la variada y vivaz gastronomía de la costa oriental de África. Este sencillo curry se hace con una pasta de curry de buena calidad y un puré de tomates secados al sol, que da resultados interesantes. Emplee un pescado blanco como la cubera o el rubio. Si utiliza una cazuela antiadherente, podrá perfectamente recalentar el arroz sin que se pegue.

curry de pescado
con arroz a la mostaza

4 trozos de 175 g de pescado blanco

1 cucharada de cúrcuma

1 cucharadita de sal marina en copos

3 cucharadas de aceite de cacahuete

2 cebollas, a aros

2 dientes de ajo, chafados

2 cucharadas de pasta de curry

2 cucharadas de pasta de tomate

2 chiles verdes, tipo jalapeño o serrano

2 limas

400 ml de leche de coco enlatada

Arroz a la mostaza:

2 cucharadas de aceite de cacahuete

4 dientes de ajo, chafados

1-2 cucharadas de semillas de mostaza negra

1 barra de canela en rama (opcional)

750 g de arroz blanco cocido

3-4 cucharadas de caldo de pescado

4 raciones

Secar el pescado con papel de cocina y frotarlo con la cúrcuma y la sal. Calentar el aceite en una cazuela grande y dorar un poco el pescado por ambos lados. Retirar el pescado de la cazuela. Agregar las cebollas y el ajo y saltearlos hasta que estén dorados; saltear luego 1-2 minutos la pasta de curry (semipicante) y la pasta de tomate (mejor si está hecha con tomates secados al sol). Partir los chiles por la mitad a lo largo y quitar las semillas; añadirlos a la cazuela junto con el zumo de 1 lima. Proseguir 2 minutos la cocción, procurando que no se queme. Agregar la leche de coco y calentarla a fuego lento. Añadir el pescado y escalfarlo 5-6 minutos por cada lado, agregando un poco de agua si la salsa espesa mucho.

Para hacer el arroz, que deberá ser de grano largo, calentar el aceite en una cazuela antiadherente y saltear el ajo, la mostaza y, si se quiere, la canela, hasta que las semillas empiecen a saltar y el ajo y la canela desprendan su aroma. Agregar el arroz y freírlo 3-4 minutos moviéndolo constantemente. Añadir el caldo bien sazonado, tapar la cazuela y calentar el arroz.

Servirlo en boles hondos, con el curry encima. Adornar con la otra lima, cortada a gajos o trozos.

Sabroso estofado de pollo en salsa de tomate, cacahuete y chile, que es un favorito en el oeste de África. Esta receta de Mali se hace con un aceite dendé naranja-rojo brillante (aceite de palma), lo que le da un color vívido y un sabor extraño, acre y terroso. Si no hay aceite de palma, sustitúyalo por un poco más de aceite de cacahuete mezclado con bijol en polvo o cúrcuma.

estofado de pollo y cacahuete
con arroz al *dendé* rojo

1¼ kg de pollo

1 cucharadita de pimienta de cayena

1-2 cucharaditas de sal

1 cucharada de jengibre molido

1 cucharada de pimentón semidulce

2 cucharadas de aceite de cacahuete

2 cebollas, cada una cortada en 8 gajos

4 dientes de ajo, picados

400 g de tomates enteros, enlatados

4 tomates maduros, a trozos

1 manojo grande de orégano fresco
o 1½ cucharaditas de orégano seco

4 cucharadas de mantequilla de cacahuete

1 litro de caldo de pollo, caliente

400 g de arroz blanco de grano largo

2-3 cucharadas de aceite de palma

1 limón o lima, en 4 gajos

4-6 raciones

Cortar el pollo en 10-12 trozos. Mezclar la cayena, la sal, el jengibre y el pimentón en un bol, agregar el pollo y darle vueltas para que se impregne. Calentar el aceite de cacahuete en una cazuela grande y honda, añadir la mitad del pollo y saltearlo 3-4 minutos o hasta que se dore. Retirar el pollo de la cazuela y mantenerlo caliente. Repetir la operación con el resto del pollo, retirarlo y mantenerlo caliente. Rehogar un poco la cebolla y el ajo y devolver todo el pollo a la cazuela. Picar los tomates de lata y agregarlos a la cazuela junto con los tomates frescos, el orégano (reservando unas ramitas para adorno, si es fresco), la mantequilla de cacahuete y 300 ml de caldo de pollo. Llevar a ebullición, bajar la llama y tapar parcialmente la cazuela y dejar cocer 30 minutos a fuego lento.

Mientras tanto, poner el arroz en una cazuela mediana de base gruesa junto con el resto del caldo de pollo. Llevar a ebullición, tapar, bajar la llama al mínimo y dejar cocer otros 12 minutos o hasta que se consuma todo el líquido. Incorporar 1-2 cucharadas de aceite de palma y reservar.

Añadir el resto del aceite de palma al estofado y remover bien. Servirlo con el arroz, un gajo de limón o lima y una ramita de orégano.

COUSCOUS

cuscús marroquí
con arroz, limón y *tahini*

Versión simplificada del clásico *couscous aux sept légumes* marroquí, con calabacín. Los limones encurtidos, el cuscús instantáneo y la *harissa* —pasta de especias norteafricana, roja y muy picante— pueden encontrarse en tiendas de alimentos africanos y franceses y en los buenos supermercados.

Partir los calabacines por la mitad a lo largo. Pelar el pepino, quitar las pepitas y cortar a trozos. Cortar las zanahorias a rodajas en diagonal. Mezclar los ingredientes de la *chermoula* en un bol, agregar las hortalizas y remover para que se impregnen. Dejar reposar. Poner el arroz y el caldo caliente en un cazuela mediana de base gruesa, llevar a ebullición, tapar, bajar la llama y dejar cocer 6 minutos a fuego lento, sin remover. Incorporar el cuscús y disponer las hortalizas encima. Rociar con el resto de la *chermoula*.

Tapar y dejar cocer, sin remover, otros 8-10 minutos o hasta que las hortalizas estén tiernas, el cuscús y el arroz cocidos y todo el líquido consumido. Reservar 3-4 ramitas de menta y picar el resto. Poner las hortalizas a un lado de la fuente de servir. Incorporar las aceitunas, los trozos de limón o la corteza y la menta picada a la mezcla de cuscús y arroz. Pasar todo a la fuente de servir, junto a las hortalizas, y dejar enfriar un poco. Para hacer la salsa *tahini*, triturar el ajo, el comino, la pasta tahini y el zumo de limón con la batidora hasta conseguir una crema espesa. Una a una, agregar 8-10 cucharadas de agua helada para que quede un aliño más claro. Rociar el plato (caliente o tibio, pero no frío) con la salsa, añadir la menta reservada y servir por separado el resto del aliño. ¡Delicioso!

8-12 calabacines pequeños

$^1/_2$ pepino

4 zanahorias

250 g de arroz blanco de grano largo

900 ml de caldo vegetal caliente

125 g de cuscús instantáneo

Marinada *chermoula*:

2 dientes de ajo, picados

2 cucharaditas de pasta *harissa*

1 cucharadita de comino en polvo

1 cucharadita de pimentón semidulce

1 manojo de cilantro fresco, picado

6 cucharadas de aceite de oliva

Salsa *tahini*:

2 dientes de ajo, chafados

1 cucharadita de cominos

125 g de pasta *tahini* (sésamo tostado)

el zumo de 2 limones

Para servir:

100 g de aceitunas negras

$^1/_2$ limón en conserva, a dados,

o corteza de limón

1 manojo grande de menta fresca

4 raciones

Fue en la India, hace muchos siglos, donde el arroz se sancochó por primera vez para aumentar su dureza y mantener sus cualidades y su valor nutricional, una consideración vital en un país donde el **vegetarianismo** tiene un gran peso en la tradición **cultural** y **religiosa**.

la india,
pakistán
y sri lanka

pulao de naranja y calabaza

con dos *cashumbers* y un *raita*

El arroz es el alimento básico de buena parte de la India. Las variedades más conocidas son el *jeera* de grano corto y fino, el basmati sancochado *golden sela*, bueno para los pulaos, el *ambre mohue* de aroma afrutado de Maharashtra y el *punni*, un arroz de grano largo de Tamil Nadu. El arroz basmati, oriundo de Afganistán, ahora se cultiva en el Punjab, Haryana, las laderas del Himalaya y Uttar Pradesh, así como en Pakistán, Estados Unidos y Tailandia, aunque hay ligeras diferencias entre ellos. Se utiliza en platos ceremoniales porque es más caro. El arroz basmati de un año es muy apreciado; algunos *gourmands* valoran las añadas igual que se hace con el vino.

50 g de mantequilla ghee

1 cebolla, a rodajas

200 g de arroz basmati

1 hoja de laurel fresco, chafada

1 barra de canela en rama

4 clavos

12 vainas de cardamomo, chafadas

250 g de calabaza, sin piel ni semillas

corteza de naranja a tiras finas

el zumo de 2 naranjas

Cashumber de zanahoria y coco:

75 g de coco fresco o 3 cucharadas de coco desecado (véase método)

250 g de zanahorias, ralladas

100 g de cacahuetes tostados, picados

el zumo de 2 limas

$1/2$ cucharadita de sal

2 chiles, sin semillas y picados

2 cucharadas de aceite de cacahuete

1 cucharadita de semillas de comino

1 cucharadita de semillas de mostaza negra

Cashumber de cebolla y tomate:

2 cebollas rojas, a rodajas finas

2 tomates, a rodajas

1 cucharadita de semillas de sésamo tostadas

1 cucharada de azúcar moreno

Raita de pepino:

$1/2$ pepino, a dados

2 dientes de ajo, chafados

1 cucharada de menta fresca, picada

125 ml de yogur natural

1 cucharada de aceite de cacahuete

1 cucharada de semillas de mostaza

4 raciones

Calentar la mantequilla ghee en una cazuela, agregar la cebolla y freírla hasta que se dore. Añadir el arroz, el laurel, la canela, los clavos y las semillas negras de las vainas de cardamomo. Saltear otros 2 minutos. Cortar la calabaza en dados de 1 cm y agregarla a la cazuela con 450 ml de agua hirviendo (con sal). Llevar a ebullición, tapar y bajar la llama lo más posible. Dejar cocer 10 minutos sin remover. Añadir la corteza y el zumo de la naranja, tapar, cocer 2-3 minutos más, apagar el fuego y dejar reposar.

Para hacer el *cashumber* de zanahoria y coco, rallar el coco fresco. Si es desecado, escaldarlo en agua hirviendo y colarlo. En un bol, mezclar el coco con las zanahorias, los cacahuetes picados, el zumo de lima, la sal y los chiles y remover bien.

En cazuela aparte, calentar 2 cucharadas de aceite de cacahuete (o de mostaza si lo encuentra). Agregar el comino y las semilla de mostaza, calentar hasta que empiece a saltar y verter la mezcla sobre el *cashumber*.

Para hacer el *cashumber* de cebolla y tomate, poner las rodajas de cebolla en un bol y verter agua hirviendo. Refrescar la cebolla bajo el grifo de agua fría y secarla con papel de cocina. Mezclarla en un bol con las rodajas de tomate, las semillas de sésamo y el azúcar moreno.

Para hacer el *raita*, mezclar en un bol el pepino con el ajo, la menta y el yogur. Calentar el aceite de cacahuete (o de mostaza) en un cazo pequeño, agregar las semillas de mostaza y freírlas un poco hasta que salten. Verter sobre el *raita*. Servir los dos *cashumbers* y el *raita* como acompañamiento al pulao.

Muchos de los pilafs y *biryanis* del estado de Gujarat, en el nordeste de la India, contienen ambiciosas mezclas de especias, legado de su pasada ubicación en una importante ruta caravanera de afamada opulencia culinaria. Gujarat es principalmente vegetariano y los platos de arroz acusan la influencia mogola y árabe en el uso de frutos secos y frutas desecadas. La asafétida, especia hindú común, apesta por sí sola, pero tiene la misteriosa capacidad de realzar los demás sabores.

pilaf picante
con quingombó y espinacas

1 cebolla

250 g de calabaza, a trozos

1-1$^1/_2$ cucharaditas de chile picante en polvo

$^1/_2$ cucharadita de cúrcuma en polvo

2 cucharadas de aceite de cacahuete o ghee

1 cucharadita de semillas

de amapola, 1 de comino

y 1 de cilantro, chafadas

$^1/_2$ cucharadita de asafétida (opcional)

4 dientes de ajo, chafados

$^1/_4$ cucharadita de sal

250 g de arroz basmati blanco

600 ml de caldo vegetal, hirviendo

2 hojas secas de laurel (opcional)

25 g de puré de coco

125 g de quingombós, sin tallo

125 g de espinacas

125 g de guisantes frescos (opcional)

50 g de tiras de coco (frescas o secas)

4 raciones

Partir la cebolla por la mitad y luego a gajos finos. Impregnar la cebolla y la calabaza con el chile y la cúrcuma. Calentar el aceite y saltear 1-2 minutos las hortalizas. Agregar las semillas de amapola, el comino, el cilantro, la asafétida, el ajo y la sal. Cocer a fuego moderado hasta que las semillas empiecen a crepitar y saltar y desprendan su aroma.

Incorporar el arroz. Saltear 1 minuto más, removiendo con cuidado y agregar el caldo, las hojas de laurel, si se quiere, y el puré de coco. Tapar, bajar la llama y dejar cocer 8 minutos a fuego lento, sin remover.

Añadir los quingombós, las espinacas, los guisantes y las tiras de coco. Tapar y dejar cocer otros 4-5 minutos hasta que el arroz esté tierno pero seco. Retirar las hojas de laurel, remover bien y servir el arroz con currys de carne, ave o pescado con acompañamientos como los *cashumbers* o el *raita* de la p. 83.

Los *kormas* hindúes cremosos y ligeros son legado del dominio mogol en la India. Su elegancia y opulencia demuestran su pasado imperial y grandioso, y los hacen perfectos para ocasiones especiales.

korma de pollo
con arroz basmati y pistachos

250 g de boniatos, a rodajas

250 g de mazorquitas de maíz

125 g de tirabeques

125 g de judías verdes

1 cucharadita de granos de pimienta blanca

2 cucharaditas de sal marina en copos

20 vainas verdes de cardamomo

2 cucharadas de semillas
blancas de amapola

4 dientes de ajo, a rodajas finas

20 g de jengibre fresco, a rodajas finas

$^1/_2$ cucharadita de cúrcuma molida

$^1/_4$-$^1/_2$ cucharadita de pimienta de cayena

125 g de anacardos

75 g de piñones

400 ml de leche de coco

100 g de yogur natural griego

2 cucharadas de lima encurtida

1 cubito de caldo, chafado

375 g de pollo deshuesado hervido,
a dados de 1 cm

Arroz basmati con pistachos:

500 g de arroz basmati

25 g de pistachos

6 cucharadas de hojas de cilantro

4-6 raciones

Poner los boniatos y las mazorquitas en una cazuela con agua hirviendo y hervirlo todo 3 minutos. Escurrir. A continuación, escaldar 1 minuto los tirabeques y las judías, enfriarlos bajo el grifo de agua fría y escurrir.

En un mortero, chafar los granos de pimienta, la sal y las vainas de cardamomo. Desechar las vainas vacías y reservar las semillas negras. Pasar el contenido del mortero a un robot de cocina junto con las semillas de amapola, el ajo, el jengibre, la cúrcuma, la cayena, la mitad de los anacardos y la mitad de los piñones. Triturar hasta conseguir una pasta espesa. Agregar la leche de coco, el yogur griego y la lima encurtida. Triturar de nuevo hasta homogeneizar.

Verter todo en un cazuela grande, llevar a ebullición, bajar la llama y dejar cocer 5 minutos a fuego lento, añadiendo el cubito de caldo chafado, 300 ml de agua hirviendo y los anacardos restantes (pero no los piñones).

Agregar a la salsa las mazorquitas y el boniato, los tirabeques y guisantes escaldados y los trozos de pollo. Dejar cocer 3-4 minutos a fuego lento hasta que todo esté bien caliente.

En el doble de su volumen en agua con sal, llevar el arroz a ebullición. Dejar cocer, tapado, unos 12 minutos o hasta que se haya consumido el agua. Blanquear, pelar y cortar los pistachos en láminas, agregarlos al arroz junto con el cilantro y el resto de los piñones. Dejar reposar el arroz 1-2 minutos. Servir con el *korma*.

gosht biryani

biryani de cordero
con cilantro y canela

Otro elegante resultado del dominio mogol en la India. Ya que el cordero debe cocinarse primero hasta que esté tierno (y usar el caldo para cocer el arroz), esta parte puede hacerse por anticipado, incluso el día de antes. Los cocineros hindúes siempre cortan las cebollas a gajos, un método con el que se obtienen bonitas formas y un buen caramelizado; vale la pena utilizarlo en los platos occidentales. Sirva este plato con un *sambal* picante o chutney de mango.

2 chiles verdes enteros, perforados

1 kg de pierna de cordero deshuesada

750 ml de agua o caldo

1 manojo de tallos de cilantro

un trozo de jengibre de 5 cm, a rodajas

2 barras de canela en rama, chafadas

1 cucharadita de sal, o sal al gusto

125 g de mantequilla clarificada o ghee

4 cebollas, a gajos

las semillas negras de 2 cucharaditas de vainas verdes de cardamomo, chafadas

1 cucharadita de clavos

$\frac{1}{2}$ cucharadita de cúrcuma molida

2 cucharaditas de semillas de comino, chafadas

2 cucharaditas de semillas de cilantro

2 pimientos rojos o amarillos, a cuartos, sin semillas

75 g de ramitos de coliflor

175 g de calabacín, troceado

300 g de arroz basmati

4 dientes de ajo, a rodajas finas

1 pellizco grande de hebras de azafrán

75 g de pistachos sin cáscara

1 manojo grande de cilantro

4 raciones

1 Poner los 5 primeros ingredientes y una barra de canela en una olla. Llevar a ebullición, tapar y bajar la llama para que cueza $1^{1}/_{4}$- $1^{1}/_{2}$ horas a fuego lento, hasta que el cordero esté muy tierno. Retirar el cordero y cortarlo a dados. Medir 600 ml de caldo y reservar.

2 Calentar la mantequilla o el ghee en una cazuela y freír 2-3 minutos la cebolla hasta que se dore. Agregar el resto de las especias y freír a fuego moderado hasta que las semillas empiecen a saltar. Retirar las cebollas con una espumadera y reservar.

3 Agregar los pimientos, la coliflor y el calabacín y freír 1-2 minutos. Retirar con la espumadera. Añadir el arroz y el ajo. Remover y cocer 2 minutos a fuego moderado, hasta que se impregnen bien de mantequilla y especias.

4 Pasar la mezcla de arroz a una olla y poner encima una capa de cebolla, una de cordero y una última de hortalizas. Verter el caldo de cordero, llevar a ebullición y bajar la llama.

5 Espolvorear con las hebras de azafrán, tapar y dejar cocer 15 minutos o hasta que el líquido se haya consumido. Blanquear los pistachos y agregarlos a la olla con el cilantro. Tapar y apagar el fuego.

6 Cubrir la olla con un trapo y dejar reposar 10 minutos. O bien meter la olla en el horno precalentado a 180 °C, durante 10 minutos. Servir con chutneys y un *raita*.

Una receta con ingredientes típicos de la antigua colonia portuguesa de Goa; aceite de oliva, anacardos y cerdo. El cerdo está prohibido para los musulmanes y las vacas son sagradas para los hindúes, pero ambas carnes son aceptables para los numerosos cristianos de Goa. Casi todos los cocineros hindúes harían el *garam masala*, pero también se encuentra en establecimientos de alimentos asiáticos.

chuletas de cerdo al jengibre
con arroz y anacardos

1 trozo de jengibre de 5 cm

1 chile rojo pequeño

1 cebolla, picada

4 dientes de ajo, chafados

1 cucharadita de *garam masala*

6 cucharadas de zumo de limón

1 cucharadita de cúrcuma en polvo

1 cucharadita de sal

2 cucharadas de azúcar moreno

1 manojo grande de menta fresca

4-6 chuletas de cerdo (750 g), sin hueso

2 cucharadas de aceite de oliva virgen

150 ml de zumo de naranja recién hecho

4 cucharadas de leche condensada de coco

8 cucharadas de yogur espeso

Arroz con anacardos:

200 g de arroz patna o basmati

450 ml de caldo de pollo o carne, hirviendo

125 g de anarcados, tostados y salados

4 raciones

Pelar el jengibre y cortar a rodajas finas. Quitar las semillas del chile y picarlo muy fino. Pasar a un robot de cocina el jengibre, el chile, la cebolla, el ajo, el *garam masala*, el zumo de limón, la cúrcuma, la sal, el azúcar y la mitad de la menta y triturar hasta hacer un puré espeso. Reservar la mitad y verter el resto sobre el cerdo. Dejar marinar mientras se hace el arroz.

Poner el arroz en una cazuela junto con el caldo hirviendo, llevar a ebullición, bajar la llama, tapar la cazuela y dejar cocer 12-15 minutos o hasta que esté tierno, sin remover. (El líquido debe consumirse por completo y el arroz debe quedar blando.) Calentar el aceite en una sartén y freír el cerdo 3-4 minutos por cada lado. Agregar el zumo de naranja, tapar y dejar cocer 3-4 minutos más a fuego suave. Incorporar la leche de coco y 2 cucharadas de yogur y dejar cocer hasta que quede cremoso. Poner los anacardos y 2 cucharadas del yogur restante en el robot junto con casi toda la menta que queda (dejar las mejores ramitas para adornar).

Triturar hasta hacer un puré cremoso e incorporar el arroz junto con la marinada reservada. Servir las chuletas y la salsa sobre una cama de arroz, adornar con la menta y verter el yogur restante por encima.

Servir con *chapattis*, judías verdes o quingombó, quizá un *dhaal* de arvejas, y una ensalada verde fría y tierna.

Nota: Si se prefiere, el azúcar moreno puede sustituirse por azúcar de savia de palmera, y el zumo de limón, por zumo de lima.

El más célebre de los soberbios budines de leche de la India es el *kheer,* aunque las variantes regionales tienen otros nombres. Los textos sagrados dicen que estos platos se ofrecían a los dioses. Se pueden agregar cardamomos, pistachos, esencia de rosas o de almendras y agua *kewra* hindú (hecha con hojas de pandánea), así como azúcar en sus diversas formas. Un budín suntuoso que se sirve caliente, frío o helado. El *varak* —un finísimo papel de plata auténtica— se encuentra en tiendas especializadas.

budín de arroz *kheer*
con cardamomo y piñones

**40 g de mantequilla ghee
o mantequilla sin sal
40 g de arroz basmati blanco,
lavado, escurrido y secado al aire
2 hojas de laurel fresco, chafadas
2 litros de leche entera
100 g de azúcar mascabado
75 g de pasas
12 vainas verdes de cardamomo,
chafadas,
sin semillas negras y sin la vaina
25 g de piñones tostados
1-2 hojas finas de papel de plata
(varak)
(opcional, para ocasiones especiales)**

4 raciones

En una olla de 5 litros, ancha, de base gruesa, a poder ser antiadherente, calentar el ghee o la mantequilla a fuego moderado. Freír el arroz hasta que adquiera un tono dorado pálido y agregar el laurel y la leche. Subir la llama al máximo y, sin dejar de remover, hervir 10-12 minutos o hasta que haga espuma. Bajar la llama a fuego medio.

Dejar que la leche hierva otros 35-40 minutos hasta reducirse a la mitad de su volumen original. Agregar el azúcar, las pasas y el cardamomo y proseguir la cocción otros 15-20 minutos a fuego bajo, removiendo a menudo hasta que se reduzca a $1/3$ - $1/4$ de su volumen original. Remover y enfriar sobre agua helada y meter en la nevera.

Decorar con los piñones y el papel de plata; cogerlo con el papel que le sirve de soporte, volcarlo sobre el budín y raspar la cantidad necesaria con un cepillo fino. Los trozos no tienen que ser perfectos; los fragmentos dan buen aspecto al plato.

La harina de arroz se emplea aquí en la misma cantidad que la harina normal dando a estas galletitas un delicada textura quebradiza. Son deliciosas con café o té de menta, o servidas con helado, natillas o sorbetes. Suele utilizarse papel de arroz comestible (otro producto del arroz) al hacer galletas o dulces.

elaiche gaja

galletas de especias
con agua de rosas y pistachos

250 g de mantequilla salada, a temperatura ambiente
1 cucharadita de semillas negras de cardamomo
(sacadas de 8-10 vainas verdes de cardamomo, chafadas)
125 g de azúcar glas
150 g de harina de arroz y 150 normal
25 g de pistachos blanqueados, sin piel, a láminas finas o picados
$^1/_4$ cucharadita de sal
$^1/_4$ cucharadita de levadura en polvo
1 cucharadita de agua de rosas o de esencia de almendra
2-3 hojas de papel de arroz (opcional)
2 cucharaditas de pistachos blanqueados, a láminas, para decorar
32 galletitas

Dividir la mantequilla en trozos pequeños y pasarla a un robot de cocina con las semillas negras de cardamomo. Trabajar la mezcla hasta que quede ligera y esponjosa, haciendo pausas y agregando poco a poco el azúcar a través del tubo. Mezclar las harinas con los pistachos molidos, la sal y la levadura. Incorporar la mezcla a través del tubo en cuatro veces sucesivas, oprimiendo la tecla *pulse*, hasta que quede una masa blanda y friable. O bien trabajar la masa en un bol ayudándose con un batidor de globo.

Volcar la masa sobre una superficie enharinada e incorporar el agua de rosas (mejor de doble fuerza, si se encuentra) a mano. Pasar la masa a una hoja de tejido teflón, papel de estraza o papel de arroz y formar un rectángulo de 25 x 20 cm. Con un cuchillo, marcar 32 rectángulos iguales, de 6 x 2,5 cm cada uno. Pinchar la masa con un tenedor. Espolvorear unas cuantas láminas de pistacho sobre cada galleta y meter en el horno precalentado a 120 °C durante 1 hora o hasta que las galletas se hayan dorado un poco.

Retirar del horno y cortar limpiamente las galletas con papel de arroz, si se usa. Dejar enfriar sobre una rejilla y, cuando estén totalmente frías, guardarlas en un recipiente hermético.

bizcocho de coco y especias
con anacardos y cardamomo

Un bizcocho de textura densa, basado en una receta de Sri Lanka. Pueden variarse las especias, sustituirse los anacardos por almendras o nueces picadas, y el zumo y la corteza de naranja por zumo y corteza de limón. También puede hacer las veces de budín rápido, servido con un sorbete de coco.

Untar de mantequilla y forrar con papel sulfurizado un molde rectangular de 20 x 12 x 8 cm. Poner el coco y el agua en la batidora (en dos tandas si es necesario) y batir hasta conseguir una textura cremosa. Reservar.

Batir las yemas de huevo, 1 cucharada de mezcla de coco y el azúcar hasta conseguir una crema ligera y esponjosa. Agregar el resto de la mezcla de coco y batir bien a mano. Incorporar la harina, el arroz molido y la levadura, añadir las semillas de cardamomo, las especias, el agua de azahar, los anacardos y la corteza de naranja —pero no el zumo— y remover bien.

En un bol limpio, batir las claras a punto de nieve. Añadir el azúcar restante y seguir batiendo hasta que quede un merengue rígido y brillante. Incorporarlo con cuidado a la mezcla de coco. Verter en el molde e introducirlo en la parte superior del horno precalentado a 160 °C durante 1 hora y 10 minutos o hasta que suba y esté dorado por encima. Insertar una aguja de media en el centro del bizcocho; si está hecho, saldrá limpia. Verter el zumo por encima. Dejar reposar 15 minutos y volcarlo sobre una rejilla. Dejar enfriar un poco y servir caliente o dejar enfriar del todo y guardar en un recipiente hermético.

mantequilla, para engrasar
140 g de coco desecado
350 ml de agua
2 huevos, yema y clara por separado
250 g de azúcar glas
75 g de harina autoleudante
200 g de arroz molido
1 cucharadita de levadura en polvo
12 vainas verdes de cardamomo, chafadas; reservar las semillas negras y desechar las vainas
$^1/_2$ cucharadita de clavo molido
$^1/_2$ cucharadita de canela molida
$^1/_2$ cucharadita de nuez moscada molida
1 cucharadita de agua de azahar (mejor de doble fuerza)
75 g de anacardos, picados
la corteza de 1 naranja a tiras finas y el zumo de la naranja (mantener separados)
25 g de azúcar glas
Sale 1 bizcocho de 500 g

el lejano oriente
y el sureste asiático

El arroz es alimento básico en China, Japón y el sureste asiático y ha alcanzado un **estatus** casi **mítico**. Pocas comidas estarían completas sin la presencia del arroz en una de sus múltiples formas: en grano, fideos, papel, vinagre o incluso vino. La cocina del arroz en estas regiones se eleva a la categoría de **arte**.

arroz frito cantonés
con cebolletas, jamón y cangrejo

Este plato casero e informal es fácil de hacer siempre y cuando el arroz esté recién hervido y frío (ni demasiado frío ni todavía caliente) y los huevos estén cremosos. Yo lo preparo con jamón y cangrejo, salsas de chile y judías negras y zumo de tomate para darle color rosado. Los puristas consideran que es sacrilegio incorporar las salsas al arroz, en lugar de servirlas aparte, pero es práctica habitual. Pruebe con otros alimentos proteínicos en vez del jamón y el cangrejo (véanse las variaciones). Experimente con este plato: ¡es muy agradecido!

125 g carne de cangrejo cocida

125 g de jamón ahumado cocido

125 g de castañas de agua enlatadas

8 cebolletas

4 cucharadas de aceite de cacahuete,
girasol o cártamo

2 cebollas, picadas

750 g arroz blanco de grano largo,
cocido y frío
(salen de 500 g de arroz crudo)

3 huevos, batidos

2 cucharadas de salsa de judías negras

2 cucharadas de salsa de pescado, tipo
nam pla o nuoc mam

1 cucharada de salsa de chile dulce
o salsa de chile y ajo

1 cucharada de zumo de tomate

1 manojo grande de perejil

sal y pimienta negra recién molida

Variaciones:

Arroz frito con pescado ahumado:

125 g de esturión o halibut ahumado

125 g de jamón serrano

1 manojo grande de cebollinos

Arroz frito con pollo, marisco
ahumado y estragón:

125 g de pollo hervido

125 de ostras, mejillones
o anguila, ahumados

1 manojo grande de estragón

4-5 raciones

Cortar a lonchas finas la carne de cangrejo y el jamón, escurrir y cortar a rodajas las castañas de agua y las cebolletas a rodajas, pero en diagonal. Reservar hasta completar la preparación del plato.

Calentar un wok o sartén honda. Agregar el aceite y calentarlo, añadir las cebollas y freírlas a fuego medio hasta que estén translúcidas. Agregar la carne de cangrejo y el jamón y dejar cocer 2 minutos sin tapar para que se calienten. Añadir el arroz cocido, calentar y remover; tapar y dejar cocer unos 5 minutos o hasta que esté bien caliente, sin tocarlo. Agregar las castañas de agua.

Sazonar los huevos con sal y pimienta y verterlos en un hueco que se habrá practicado en medio del arroz. Remover el huevo junto a los bordes hasta que justo empiece a cuajar; remover luego el huevo desde el centro hacia los bordes para que cuaje con rapidez pero no del todo.

Agregar al arroz las tres salsas y el zumo de tomate, y añadir las cebolletas incorporándolas rápidamente al arroz caliente.

Para servir, picar el perejil y espolvorearlo por encima. Servir caliente mientras el huevo aún está cremoso: acabará de cuajar en el plato.

Variaciones:

Para hacer el arroz con pescado ahumado y jamón serrano en lugar de con cangrejo y jamón ahumado, cortar el pescado a trozos y el jamón en lonchas. Poner cebollinos picados en vez de perejil. Seguir los pasos de la receta original, utilizando las mismas salsas.

El arroz con pollo, marisco ahumado y estragón es excelente para aprovechar las sobras de pollo asado. Cortar el pollo a tiras muy finas y seguir la receta original, sustituyendo el jamón por el pollo y el marisco ahumado por el cangrejo. Poner estragón picado en vez de perejil. Las salsas no varían.

Nota: Es tradición emplear arroz blanco de grano largo para hacer arroz frito y los puristas insisten en que debe quedar de un blanco níveo. Yo he utilizado también arroz integral y sabe muy rico.

Fritos crujientes hechos con interesantes ingredientes que se encuentran en las tiendas de alimentos tropicales o asiáticos. Servir con dos salsas para untar: una agridulce preparada con 4 cucharadas de vinagre de arroz, un poco de cebolleta y ajo picados, y sal, pimienta y azúcar al gusto. Otra de chile y sésamo hecha con 4 cucharadas de vinagre de arroz, chiles verdes y rojos picados y 2 cucharaditas de cada de semillas de sésamo, aceite de sésamo y salsa de pescado.

ukoy
fritura de boniato
con plátanos y gambas

250 g de gambas crudas enteras
75 ml de agua o caldo de pescado, hirviendo
1 pimiento rojo pequeño
1 trozo de jengibre fresco de 5 cm
2,5 cm de hierba limonera o corteza de limón
2 cebolletas, finamente picadas
175 g de boniatos
250 g de plátano maduro
2 huevos
1 cucharadita de cúrcuma
125 g de harina de arroz
4 dientes de ajo, picados
2 cucharaditas de levadura en polvo
aceite de cacahuete, para freír
sal y pimienta negra recién molida
24 porciones; 4-6 raciones

Pelar las gambas y reservar la carne de la cola. Chafar bien los caparazones, ponerlos en un cazo con el agua o el caldo, tapar y dejar cocer 5 minutos a fuego lento. Colar el líquido en un bol, chafando los caparazones para extraer el máximo sabor. Desecharlos y dejar enfriar el líquido. Quitar núcleo y semillas del pimiento rojo y cortarlo en trozos de 1 cm. Pelar el jengibre y cortarlo a rodajas finas, a lo largo. Cortar la hierba limonera a rodajas finas, transversalmente. Cortar el boniato a dados de 5 mm. Pelar el plátano y cortarlo a dados pequeños. Batir los huevos con el caldo, e incorporar la cúrcuma, la harina de arroz, el ajo, la levadura, la sal y la pimienta. Añadir el pimiento rojo, el jengibre, la hierba limonera, las cebolletas, el plátano, el boniato y las colas de gamba. Mezclar todo rápidamente.

Verter unos 2,5 cm de aceite de cacahuete en una sartén de base gruesa o un wok y calentar a 190 °C o hasta que un dadito de pan se dore en unos 40 segundos.

Poner 4 cucharadas de mezcla en el aceite caliente y freír 50-90 segundos por cada lado, dando la vuelta con unas pinzas. Escurrir sobre papel de cocina arrugado y mantener caliente mientras se fríe el resto de la mezcla. Servir con las salsas para untar que se sugieren en la introducción a la receta.

El *mee krob* es el clásico plato tailandés que requiere un wok grande, un par de pinzas y un buen extractor. Pero podremos hacerlo con cuidado, optimismo y una ventana abierta. No intente freír más de una madeja de fideos secos a la vez. Compre los fideos, el vinagre de arroz, la salsa de pescado, los cubitos de caldo *tom yam* y los diminutos chiles ferozmente picantes en una tienda de alimentos asiáticos.

fideos tailandeses fritos
con pollo, gambas, chile y cilantro

250 g de fideos finos de arroz
aceite de cacahuete, para freír
3 huevos, batidos
100-125 g de azúcar glas
6 cucharadas de vinagre de arroz
4 cucharadas de salsa clara de soja
4 cucharadas de salsa tailandesa de pescado
100 ml de caldo especiado, como el que se hace con cubitos tom yam
1 cucharada de paprika suave
2 cucharaditas de semillas de cilantro, chafadas
250 g de gambas crudas, peladas
4 pechugas de pollo, deshuesadas y a lonchas finas
175 g de germinado fresco de judías
6 cebolletas, a tiras
3-4 chiles tailandeses, a rodajas
1 manojo de cilantro fresco, picado
4-6 raciones

Separar las madejas de fideos sin romperlos y freírlas de una en una. Verter unos 5 cm de aceite de cacahuete en un wok grande y calentarlo a 190 °C o hasta que una hebra se infle de inmediato. Colocar un colador grande de metal sobre un bol. Sobre una fuente, poner papel de cocina arrugado para escurrir los fideos fritos. Con pinzas, pasar una madeja de fideos a la sartén. Freírla 10-15 segundos hasta que se hinche y esté un poco dorada, y darle la vuelta con cuidado. Freír por el otro lado y pasarla al papel de cocina. Repetir la operación hasta freír todos los fideos. Si hay residuos en el aceite, colarlo todo en el colador preparado al efecto, tirar los residuos y devolver el aceite al wok. Recalentar y seguir friendo el resto de los fideos. Vaciar el aceite, pasar los fideos fritos al wok y mantenerlos calientes.

Calentar un cazo, agregar 1 cucharada de aceite caliente y luego la mitad de los huevos. Hacer una tortilla, retirarla y hacer otra con el resto de la mezcla. Enrollar las tortillas, cortarlas a rodajas y reservar.

Enjugar el cazo y agregar el azúcar, el vinagre, las salsas de soja y de pescado, el caldo, la paprika y el cilantro. Calentar, removiendo, hasta que se forme un almíbar. Agregar las gambas y escalfarlas hasta que estén firmes. Retirar y reservar. Escalfar el pollo. Subir el fuego, añadir el germinado de judías, las cebolletas, la tortillas y las gambas y remover con cuidado. Volcar la mezcla sobre los fideos del wok. Revolver los fideos para que se impregnen, procurando romperlos lo menos posible. Añadir los chiles y el cilantro y servir calientes.

Las bandas de arroz son tallarines secos que se venden en grandes madejas. Miden unos 5 mm de ancho y vale la pena tenerlos siempre en la despensa: son muy versátiles y fáciles de preparar. La pimienta de Sichuan (*Zanthoxylum simulans*) es aromática y fuerte más que picante. Se encuentra en tiendas de alimentos chinos.

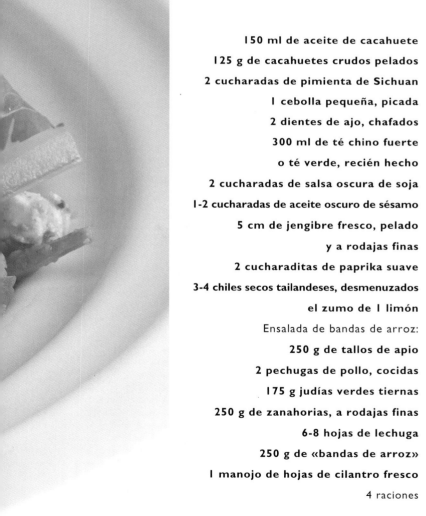

bandas de arroz
con salsa al estilo de Sichuan

150 ml de aceite de cacahuete
125 g de cacahuetes crudos pelados
2 cucharadas de pimienta de Sichuan
1 cebolla pequeña, picada
2 dientes de ajo, chafados
300 ml de té chino fuerte
o té verde, recién hecho
2 cucharadas de salsa oscura de soja
1-2 cucharadas de aceite oscuro de sésamo
5 cm de jengibre fresco, pelado
y a rodajas finas
2 cucharaditas de paprika suave
3-4 chiles secos tailandeses, desmenuzados
el zumo de 1 limón
Ensalada de bandas de arroz:
250 g de tallos de apio
2 pechugas de pollo, cocidas
175 g judías verdes tiernas
250 g de zanahorias, a rodajas finas
6-8 hojas de lechuga
250 g de «bandas de arroz»
1 manojo de hojas de cilantro fresco
4 raciones

En un wok, calentar el aceite a 190 °C o hasta que un dado de pan se dore en 40 segundos. Agregar los cacahuetes y la pimienta de Sichuan y freír 1 1/2 minutos, removiendo. Vaciar el wok en un colador de metal colocado sobre un bol. (Esto impide que los cacahuetes se chamusquen.)

Pasar el contenido del colador a un robot, más 2 cucharadas del aceite de freír, la cebolla, el ajo y la mitad del té caliente. Hacer una pasta. Agregar el té restante, la salsa de soja, el aceite de sésamo, el jengibre, la paprika, los chiles y el zumo de limón y triturar otra vez para hacer la salsa.

Quitar las hojas del apio y reservar. Cortar el pollo a tiras o dados, cortar a tiras las judías, las zanahorias, los tallos de apio y la lechuga. Poner el pollo y las verduras en una cazuela con un poco de agua hirviendo y sal. Cocer 2 minutos, escurrir y desechar el líquido.

Verter agua hirviendo sobre los tallarines y dejar que se «cuezan» 3-4 minutos o hasta que estén blancos y firmes. Escurrir. Justo antes de servir, recalentar vertiendo agua hirviendo por encima, escurrirlos rápidamente y agregar a los demás ingredientes.

Poner las bandas de arroz en un bol, añadir las verduras, el pollo y la salsa y remover bien. Adornar con hojas de cilantro y de apio y servir.

sopa ozoni de año nuevo
con panes *mochi* a la parrilla

Hay muchas versiones de esta clásica sopa de fiesta, pero la constante es el uso de los panes *mochi*, pasteles de arroz densos, pegajosos y pastosos que aparecen incluso en el folclore japonés. Los *mochi*, como el *konbu*, las migas de bonito y el *daikon* pueden encontrarse en tiendas de alimentos asiáticos. Hay dos tipos de *mochis*: los blandos, recién hechos, y los duros y secos, que se venden empaquetados. Para elaborar esta receta interesan estos últimos, que hay que poner a remojo 5-10 minutos a fin de que se ablanden.

Dashi (caldo):
15 g de *konbu* (kelp seco)
1.200 ml de agua fría
50 ml de sake o vino de arroz
15 g de migas de bonito secas
Ozoni:
10 cm de *daikon* (rábano japonés)
1 zanahoria grande, limpia
4 cebolletas
4 ramitas de hojas de crisantemo comestibles (*shungiku*)
375 g de pechugas de pollo, deshuesadas
y sin piel, a lonchas finas
6 colas de langostino, crudas
5 cm de jengibre fresco, a láminas
1 cucharadita de sal
2-3 cucharadas de salsa clara de soja (*shoyu*), o al gusto
4 panes *mochi*
6 raciones

1 Calentar el *konbu* y el agua justo por debajo del punto de ebullición. Apartar del fuego y dejar reposar 5 minutos. Retirar el *konbu*. Añadir el sake y las migas de bonito y llevar a ebullición. Dejar cocer 2 minutos, colar y pasar el caldo a una cazuela.

2 Limpiar y pelar el rábano como se ve y cortarlo a rodajas finas. Practicar incisiones en forma de V a lo largo de la zanahoria y cortar a rodajas finas. Cortar las cebolletas a tiras finas. Arrancar las hojas de crisantemo, escaldar 60 segundos todas las verduras, escurrir y refrescar en agua fría.

3 Añadir el pollo, los langostinos y el jengibre al caldo de *konbu*. Dejar cocer 2 minutos a fuego lento, tapado. Agregar a la sopa las verduras escaldadas. Añadir sal y salsa de soja, tapar y dejar cocer a fuego suave.

4 Para preparar los *mochi*, verter sobre ellos agua a punto de hervir y reservar 5-10 minutos hasta que se ablanden. Escurrir y reservar. Hacerlos en el grill por los dos lados; tienen que quedar esponjosos y dorados.

5 Poner un pan *mochi* en el fondo de cada cuenco de sopa, añadir la sopa
procurando repartirla equitativamente. Servir caliente como parte de un
menú de celebración.

Compre los auténticos ingredientes en un establecimiento de alimentos asiáticos o chinos. No se arredre por la lista de la compra, ¡es parte de la diversión! Los anacardos, originarios de Brasil, llegaron a Malaysia hace 400 años gracias a los portugueses y son una buena alternativa si no se pueden encontrar macadamias.

laksa
sopa malaya de fideos

250 g de bandas de arroz, secas
250 g de colas de gambas, crudas
100 g de germinado de judías
1 cucharada de salsa clara de soja
400 ml de leche de coco enlatada
250 g de buñuelos de pescado
recién hechos
4-6 cigalas frescas (opcional)
$^1/_2$ pepino
1 manojo grande de menta fresca
4 hojas de lechuga
Condimento *rempah*:
5 cm de juncia o jengibre fresco
8 macadamias o anacardos
1-2 chiles rojos secos
1 trozo de hierba limonera de 10 cm
1 cucharada de semillas de cilantro
4 cucharadas de aceite de cacahuete
2 dientes de ajo, a láminas
8 escalonias o 2 cebollas, a rodajas
2 cucharaditas de paprika picante
1 cucharada de pasta seca de camarones
2 cucharaditas de cúrcuma molida
100 g de camarones secos

4-6 raciones

Para hacer el *rempah*, cortar a rodajas la juncia o el jengibre, picar las macadamias o anacardos, quitar las semillas y picar los chiles, cortar la hierba limonera a tiras y chafar las semillas de cilantro. Calentar el aceite de cacahuete en una cazuela pequeña, agregar todos los ingredientes del *rempah* y saltear 5 minutos. Para hacer la sopa, poner las bandas de arroz en un bol, verter agua hirviendo por encima, dejar 5 minutos a remojo, escurrir con cuidado y repartirlos en 6 boles pequeños o pasarlos a una sopera.

Pelar las colas de gambas y ponerlas en una cazuela grande junto con el germinado de judías, la soja, la leche de coco, los buñuelos de pescado y, si se quiere, las cigalas. Agregar 1 litro de agua hirviendo y dejar cocer 5 minutos a fuego lento. Para preparar la guarnición, cortar el pepino en tiras de 5 cm, la lechuga a tiras largas y arrancar las hojas de menta. Reservar. Agregar un cucharón de sopa hirviendo a la cazuela del *rempah*, incorporar la mezcla a la sopa y dejar cocer 6-7 minutos. Poner la guarnición sobre los fideos. Recalentar la sopa justo por debajo del punto de ebullición, removiendo para que no se separe el aceite. Servir caldo caliente en los boles: los fideos se recalentarán al instante. Procurar repartir bien los sólidos entre todos los boles. Servir caliente mientras todos los colores, sabores y texturas están aún en sazón. **Nota:** Si se hace como plato único, doblar la cantidad de gambas, camarones secos y buñuelos, y agregar 500 ml más de agua.

Los expatriados coreanos a veces llaman «pizzas coreanas» a estas tortitas de harina de arroz; son tentempiés que suelen servirse al aire libre, en mercados, ferias y celebraciones. En esta receta empleo ostras, pero también pueden añadirse almejas o abalone. Mojar los trozos o porciones de tortita en la suculenta salsa antes de comerlos. El chile coreano seco se vende en tiras o copos, pero puede utilizarse chile en polvo o chile picado.

«pizzas» de ostras a la coreana
con salsa de chile y sésamo

500 g de ostras frescas, sin valvas, o 300 g de ostras en salmuera enlatadas o de otro marisco en conserva

125 g de harina de arroz

125 g de harina blanca normal

$^{1}/_{2}$ cucharadita de sal

1 huevo grande

1 cucharadita de aceite oscuro de sésamo

8-12 cebolletas

4 cucharadas de aceite de cacahuete, para freír

Salsa de chile y sésamo para untar:

6 cucharadas de salsa japonesa de soja

4 cucharadas de vino de arroz japonés

2 escalonias, a rodajas finas

1 cucharada de semillas de sésamo, tostadas

$^{1}/_{2}$ cucharadita de tiras o copos de chile, chile picado o chile en polvo.

4 raciones

Si se emplean ostras frescas, quitar las valvas y reservar el líquido. Si se emplean ostras en salmuera, escurrirlas y reservar el líquido. Aumentar el líquido a 250 ml añadiendo agua. (Si se emplean ostras ahumadas en aceite, desechar el aceite.)

Poner las harinas y la sal en un bol. Incorporar la salmuera o el agua de las ostras al bol, junto con el huevo y el aceite de sésamo. Batir hasta formar una pasta clara y cremosa. Dejar reposar mientras se preparan los demás ingredientes.

Cortar las cebolletas por la mitad y la parte verde en tiras diagonales. Cortar la parte blanca a cuartos.

Para preparar la salsa, batir un poco todos los ingredientes con la batidora. Verter en 4 salseras pequeñas.

Calentar 1 cucharada de aceite en una sartén de base gruesa o un wok, removiéndolo para que cubra la base. Incorporar la cuarta parte de las ostras y unos trocitos de cebolleta. Añadir un cuarto de pasta y más trocitos de cebolleta. Dejar cocer 4-5 minutos, dar la vuelta a la tortita y cocer otros 3-4 minutos hasta que la superficie esté moteada de marrón. Partir en 4 trozos y mantener caliente mientras se hacen las demás tortitas. Servir con la salsa.

gói cuôń

fardos de papel de arroz
a las dos salsas

Un plato vietnamita tradicional que los propios comensales preparan en la mesa. Se hace con arroz en dos de sus formas; **envolturas** (*bañh trang*) y **fideos finos**. Ambos se venden secos en los grandes supermercados o en tiendas de alimentos asiáticos. Esta receta cuenta con dos salsas para untar, lo que es inusual: una mezcla especiada y seca y una salsa agridulce. No siempre se encuentra menta vietnamita, pero se puede sustituir por menta de jardín o albahaca.

125 g de fideos finos de arroz, secos
100 g de lomo de cerdo, a lonchas fina
200 g de bacon, cortado en 32 trozos
32 envolturas de papel de arroz (*bañh trang*)
16 gambas pequeñas, crudas, peladas y partidas por la mitad (unos 250 g)
125 g de germinado fresco de judías
16 cebolletas
8 hojas de lechuga, a cuartos
32 hojas de menta vietnamita o de jard

Salsa picante:
2-3 chiles rojos, a rodajas finas
4 cucharadas de semillas de sésamo, tostadas
4 cucharadas de coco desecado

Salsa agridulce:
3 limas
3 cucharadas de salsa *nuoc mam*
1 cucharada de azúcar
2 cucharaditas de jengibre fresco, pelado y rallado

Salen 32 fardos; 6-8 raciones

1 Para «hacer» los fideos de arroz, ponerlos en un colador sobre una cazuela grande. Cubrir con agua hirviendo y dejar 5 minutos. Escurrirlos, lavarlos en agua fría para detener la cocción y volver a escurrirlos. Reservar.

2 Poner los ingredientes para la salsa picante en una salsera y mezclar bien. Para hacer la salsa agridulce, cortar la corteza de lima a tiras finas y exprimir el zumo. Mezclar con los demás ingredientes en otra salsera.

3 Precalentar la plancha y asar 2-3 minutos el bacon y el lomo, dándoles la vuelta de vez en cuando hasta que estén hechos y jugosos, pero no crujientes. Reservar.

4 Sumergir las envolturas de papel de arroz en agua caliente o mojarlas usando un cepillo. Pasar a una fuente de servir y tapar con un paño húmedo. Otra opción es que los mismos invitados humedezcan las envolturas.

5 Verter agua hirviendo sobre las gambas. Dejar reposar unos minutos. Pasarlas por agua fría y escurrir. Hacer lo mismo con el germinado de judías. Cortar las cebolletas en dos y luego a lo largo; se obtendrán 64 trozos.

6 Para preparar los fardos, poner lechuga sobre la envoltura, agregar una porción de lomo, bacon, gambas, fideos, menta, brotes de judía y cebolleta. Enrollar dejando sobresalir la cebolleta y servir con las salsas.

nasi goreng

arroz frito a la indonesia
con guarnición

Igual que el arroz frito cantonés, el *nasi goreng* ha llegado a todos los rincones del mundo y ha sufrido adaptaciones. Algunos indonesios mantienen que se originó en China, pero siempre se le ha relacionado con el *rijsttafel* de los colonizadores holandeses. Se puede hacer con arroz hervido, tiras de tortilla (en este caso, con chile), verduras, carne y pescado.

Cocer el arroz con 2-3 horas de antelación. Para prepararlo, calentar 1 cucharada de aceite en una sartén y freír la carne por ambos lados a fuego fuerte, sin hacerla del todo. Dejar enfriar, cortar a tiras finas y reservar. Freír la cebolla picada.

Con un tenedor, batir los huevos con el chile y la sal. Agregar 1 cucharada de aceite a la sartén, verter la mitad del huevo y un poco más de aceite si hace falta y hacer una tortilla fina. Darle la vuelta y dorarla por ambos lados. Hacer una segunda tortilla con el huevo restante. Enrollar las dos tortillas, cortarlas a rodajas y reservar.

Poner las 2 cebollas picadas, el ajo y la pasta de camarones en un robot de cocina y triturar hasta formar un puré basto. Calentar 2 cucharadas de aceite en un wok o sartén grande, añadir el puré y freír 3-4 minutos hasta que esté hecho. Debe quedar seco, sin restos de aceite.

Agregar otras 2 cucharadas de aceite, la carne, las gambas, el pepino, la zanahoria y los guisantes o judías. Saltear 2-3 minutos y luego añadir el arroz. Tapar y recalentar todos los ingredientes, rociándolos con un poco de agua para que se cree el vapor necesario.

Adornar con las cebolletas y las 4 cucharadas de cebolla picada frita y servir.

750 g de arroz blanco de grano largo, hervido

7 cucharadas de aceite de cacahuete

375 g de filete de ternera o lomo de cerdo

4 cucharadas de cebolla picada, frita

3 huevos

1 cucharadita de chile seco, chafado

$^{1}/_{2}$ cucharadita de sal

2 cebollas, picadas

3-4 dientes de ajo, chafados o a láminas finas

1 cucharadita de pasta de camarones (*blachan*)

250 g de colas de gambas, crudas y peladas

10 cm de pepino, a tiras

1 zanahoria a rodajas finas, escaldadas

125 g de guisantes o judías frescos, escaldados

4 cebolletas, a tiras finas

4 raciones

sushi japonés

Una de las glorias de la cocina japonesa. Preparar el sushi implica todo un ritual, pero es posible aplicar los principios generales empleando utensilios occidentales. Lo esencial es contar con arroz de grano corto para sushi y otros ingredientes auténticos, como el *konbu* (kelp), *sushi-su* (vinagre de arroz), *kurogoma* (semillas negras de sésamo), *umeboshi* (ciruelas encurtidas), pasta de *wasabi* (rábano picante verde) y *beni-shogu* (jengibre encurtido). Aquí se muestran tres sushi hechos con dos métodos básicos. Mantener refrigerados y servirlos a temperatura ambiente cuando llegue el momento.

425 g de arroz para sushi, lavado y escurrido

I trozo de 20 cm de kelp (*konbu*)

5 cucharadas de vinagre de arroz japonés

2 cucharadas de azúcar glas

2 cucharaditas de sal marina

I trozo de 7,5 cm de jengibre, a rodajas fina

3 dientes de ajo, chafados

50 ml de salsa japonesa de soja

50 g de pasta *wasabi*

125 g de jengibre encurtido

Onigiri-zushi (pasos 2-3):

100 g de lonchas de salmón poco hechas

6 ciruelas encurtidas (*umeboshi*)

I hoja seca de alga ova (*nori*)

Norimaki-zushi (pasos 4-6):

I huevo batido con una pizca de azafrán (opcional)

I cucharadita de aceite de cacahuete

4 hojas secas de alga ova (*nori*), ligeramente tostadas sobre llama de gas

5 cm de pepino, cortado en 8 cuñas finas

¼ de pimiento rojo, a tiras

4 cebolletas, partidas por la mitad a lo largo

Sushi de marisco (pasos 7-8):

6 colas de gamba crudas, blanqueadas

6 trozos de 5 g de salmón

50 g de huevas de salmón

I cucharadita de semillas negras de sésam

6 cebollinos

6 raciones

1 Poner el arroz en una cazuela con el kelp y 600 ml de agua hirviendo. Tapar y dejar cocer 18 minutos a fuego lento hasta que aparezcan agujeros de vapor en la superficie. Dejar reposar 5 minutos. Mezclar el vinagre, el azúcar, la sal, el jengibre y el ajo e incoporar al arroz.

2 Con las manos mojadas, exprimir el arroz y formar 6 bolas iguales. Hacer un agujero en el centro de cada una. Poner dentro un poco de salmón y de ciruela. A continuación, cerrar el agujero y redondear la bola haciéndola rodar entre las manos.

3 Cortar a tijera la hoja de *nori* y formar 12 cuadrados o rectángulos. Poner uno debajo y otro encima de cada bola. Hacer 6 cuadrados y pasarlos a una fuente de servir. Dividir el arroz restante en 2 partes.

4 En un bol, batir con un tenedor el huevo, 1 cucharada de agua y azafrán. Calentar una sartén, añadir el aceite y verter la mezcla. Hacerla por ambos lados hasta que cuaje sin dorarse. Dejar enfriar y cortar en dos.

5 Poner 4 hojas de *nori* tostado sobre 4 hojas de film transparente (en lugar de la tradicional esterilla de bambú). Extender arroz sobre cada una. Dejar 2 tal cual y añadir la tortilla, el pepino, el pimiento y las cebolletas a las otras 2, como se muestra.

6 Enrollar el *nori* ayudándose con el film para que conserve la forma regular. Envolver cada rollo en film y cerrar los extremos con gomas. Cortar en rodajas de 2 cm. Retirar y desechar el plástico. Pasar el *norimaki* relleno a la fuente de servir.

7 Quitar las patas a las gambas y abrir carne y caparazón con tijeras. Retirar el caparazón y aplanar la carne como se muestra. Formar rectángulos con los rollos de sushi sin relleno, como muestra la ilustración.

8 Cubrir cada rectángulo con salmón, huevas de salmón y colas de gamba, ajustándolos a la superficie. Agregar semillas de sésamo y cebollinos al salmón. Servir con salsa de soja, wasabi y jengibre.

El arroz negro, cultivado en Tailandia, Indonesia y las Filipinas, es en realidad granate. La hoja de pandánea se parece al iris y es perfumada y dulce, pero en su lugar pueden emplearse dos vainas de vainilla partidas. Si no encuentra las frutas tropicales sugeridas, utilice bayas rojas frescas.

arroz negro al coco
con bayas rojas o fruta tropical

375 g de arroz «negro» glutinoso tailandés o indonesio

2 hojas de pandánea, chafadas y atadas (o dos vainas de vainilla, partidas)

250 g de azúcar de coco o azúcar moreno

50 g de coco en polvo (1 bolsita)

400 ml de leche condensada de coco, enlatada

Bayas o frutas tropicales:

un surtido de bayas rojas frescas, como las que se ven,

o frutas tropicales a elegir entre:

2 plátanos, a rodajas

2 mangos, a tiras

1 papaya, sin semillas

4 rambutanes (opcional)

4 lichis frescos (opcional)

hoja fresca de plátano (opcional)

ramitas de menta, para servir (opcional)

azúcar glas, para espolvorear (opcional)

4 raciones

Poner el arroz y las hojas de pandánea (o vainas de vainilla) en una cazuela con 1 litro de agua hirviendo. Llevar a ebullición, tapar, bajar la llama al mínimo y dejar cocer unos 25 minutos o hasta que esté casi seco, sin remover. Apartar del fuego y dejar reposar 10 minutos.

Añadir el azúcar, el coco en polvo y una parte de la leche de coco y remover hasta que se disuelva.

Preparar las bayas o los plátanos, los mangos y la papaya. Si se emplean rambutanes, cortarlos de forma que quede expuesta la carne blanca del centro. Desechar la piel de la parte superior. Si se emplean lichis, pelar y desechar la piel.

Para servir, si se quiere, lavar y secar 2 cuadrados de hoja de plátano y emplearlos para forrar la fuente de servir.

Superponer las hojas de forma que las 8 puntas sobresalgan de los bordes. Verter encima el arroz aún caliente.

Si no se emplean hojas para servir, pasar el arroz a la fuente o repartirlo en 4 platos pequeños.

Rociar el arroz con un poco de leche de coco y servir el resto en una jarra pequeña. Disponer la fruta sobre el arroz, añadir una ramita de menta y, si se quiere, espolvorear con azúcar glas.

Muchos australianos y neocelandeses descienden de inmigrantes europeos, del sureste asiático, del Lejano Oriente, Oriente Medio y las Américas. Hoy, su **cocina** deliciosa, moderna y **multicultural** muestra las influencias de estos ascendientes culinarios.

australia
y **nueva zelanda**

ensalada de arroz y papaya
con tiras de plátano frito y aliño de chile y lima

La papaya y el mango (abajo) suelen consumirse como verduras cuando aún están verdes. Búsquelos en tiendas de alimentos asiáticos y en supermercados a la última. Elija marisco o pescado ahumado de textura delicada: esturión o anguila, caballa o trucha, almejas, mejillones o incluso, por qué no, ostras. Sirva esta ensalada, mejor cuando el arroz esté recién hecho y caliente, con la guarnición fría. Para el aliño, opte por un agente edulcorante atractivo. Sirva formando un buen montón. Relájese, ¡es comida digna de bistrôt!

175 g de arroz basmati blanco
de cocción rápida

1 barra de canela en rama

Aliño de chile y lima:

1 chile rojo tipo serrano

4 limas

4 cucharadas de salsa de pescado
(nam pla)

25 g de azúcar de savia de palmera
o azucar moreno

Ensalada de papaya verde:

2 papayas o mangos verdes,
pequeños o medianos

50 g de hojas frescas de cilantro

2 chiles verdes pequeños

50 g de hojas frescas de menta

250 g de marisco o pescado
ahumado

50 g de cacahuetes tostados,
picados

1 cucharada de granos de pimienta
roja (opcional)

Tiras de plátano frito:

1 plátano verde, pelado

4-6 cucharadas de aceite
de cacahuete

4-6 raciones

Lavar un poco el arroz, escurrirlo y pasarlo a una cazuela mediana con la canela y un poco más del doble de su volumen en agua hirviendo (unos 450 ml). Llevar a ebullición, bajar la llama al mínimo, tapar la cazuela y dejar cocer 15-18 minutos o hasta que se haya consumido todo el líquido, el arroz esté ligero y esponjoso y aparezcan agujeros de vapor en la superficie. Dejar reposar, tapado, durante 5 minutos.

Quitar las semillas al chile y cortar a rodajas finas. Cortar a tiras finas la corteza de 1 lima y reservar. Exprimir las 4 limas. Poner el zumo en la batidora junto con la salsa de pescado, el azúcar y el chile. Batir hasta que se forme espuma. Incorporar la mitad de la mezcla al arroz caliente. Retirar la canela y reservar.

Para hacer la ensalada, pelar la papaya o el mango, y quitar y desechar las semillas de la papaya. El hueso del mango también se desecha.

Con un robot de cocina o un rallador, cortar la papaya o el mango a rodajas finas. Picar a tijera las hojas de cilantro y cortar el chile verde a rodajitas. Poner el cilantro y los chiles en un bol junto con la menta, el marisco o pescado, los cacahuetes y, si se quiere, la pimienta. Añadir el aliño restante y remover.

Para hacer la guarnición de plátano frito, cortar el plátano a tiras largas ayudándose con el pelador de patatas. Calentar el aceite hasta que esté muy caliente en un wok o sartén y freír las tiras hasta que estén crujientes y rizadas. Escurrir sobre papel de cocina y desechar el aceite.

Poner unas cucharadas de arroz aliñado en cada plato, añadir la ensalada de papaya, las tiras de plátano y las tiras de corteza de lima. Disponer unos fragmentos de canela junto a la ensalada.

Nota: Si el arroz debe hacerse con antelación, hacerlo en el microondas o al vapor hasta calentarlo lo justo. Añadir el aliño y la ensalada, según la receta.

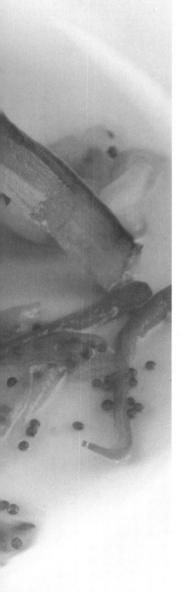

Estas crujientes tortitas de arroz rellenas de queso son una delicia. Acompañándolo con algún pescado a la plancha y un encurtido de mostaza, pepino y chile (similar a una mermelada), estaremos ante un plato soberbio para comer, cenar o agasajar a invitados.

tortitas de arroz
con pescado a la plancha y chile encurtido

1 kg de risotto frío (al azafrán, al limón o normal) con al menos 50 g de parmesano rallado
50 g de polenta, para rebozar
4 cucharadas de aceite de oliva virgen extra
Pescado a la plancha:
4 filetes de pescado tipo salmonete, cubera, rubio o trucha, sin espinas, de 125 g cada uno
4 dientes de ajo, triturados
sal marina y pimienta recién molida
Encurtido de chile:
6 cucharadas de vinagre de arroz
3 cucharadas de azúcar glas
1 cucharadita de semillas de mostaza
1 chile rojo, sin semillas, a rodajitas
100 g de pepino con piel, cortado a lo largo en lonchas
4 raciones

Dividir el risotto en 8 porciones iguales. Formar una bola con cada una y ponerlas en moldes redondos de 7,5 cm. Cubrir con polenta.

Precalentar la plancha o una sartén antiadherente y echar unas gotas de aceite. Poner todas las tortitas de arroz al mismo tiempo y apretarlas con una pala al final de la cocción, unos 7-8 minutos. Darles la vuelta y hacerlas 7-8 minutos por el otro lado.

Antes de que acaben de hacerse, preparar el pescado: frotar un poco de ajo por los dos lados del filete (sin piel). Sazonar bien y ponerlos en la plancha o la sartén. Hacerlos 2-2$\frac{1}{2}$ minutos por cada lado, apretándolos con firmeza. (Si se emplean salmonetes, hacerlos solamente 1$\frac{1}{4}$-1$\frac{1}{2}$ minutos.)

Para hacer el encurtido, mezclar todos los ingredientes en una cazuela pequeña. Remover y llevar a ebullición, sin tapar, hasta que el pepino se ablande.

Para servir, poner las tortitas en los platos y colocar el pescado encima. Cubrir con un poco de encurtido y su líquido y servir caliente.

Nota: Cocer 375 g de arroz de risotto en crudo para que salga 1 kg de arroz cocido.

Una ensalada exótica pero fácil que pone el acento en las texturas y los sabores. Toma prestados ingredientes de diversas culturas sin pertenecer a ninguna en particular, aunque sigue líneas clásicas. Muchos libros recomiendan poner los fideos en un largo remojo de agua fría, pero yo prefiero la vía rápida: estos fideos se cuecen vertiendo sobre ellos agua casi hirviendo.

fideos al sésamo
con berenjenas y peras

Precalentar la plancha. Cortar las berenjenas a cuartos, a lo largo, y hacerlas primero sobre la piel y después por la cara de dentro, hasta que estén tostadas, blandas y desprendan su aroma, unos 15 minutos en total. Cortarlas en trozos más o menos de 1 cm y reservar.

Poner los fideos, el anís y las setas en un bol y verter agua hirviendo por encima. Dejar reposar 8 minutos, escurrir y reservar 4 cucharadas de líquido.

Para hacer el aliño, pasar este líquido a la jarra de la batidora junto con la pasta *tahini*, la leche de coco, el ajo, la salsa de soja y la mitad del aceite de sésamo. Batir hasta formar espuma. Volcar la mezcla sobre los fideos escurridos y remover para que se impregnen. Repartir los fideos en 4 platos, añadiendo a cada uno una estrella de anís y algunas setas.

Cortar a tiras el pepino y las peras. Aliñar la berenjena, el pepino y las peras con el resto del aceite y el zumo de 2 limas. Picar el perejil y agregarlo al bol. Verter la mezcla sobre los fideos y espolvorear con semillas de sésamo. Cortar en gajos las limas restantes y adornar los platos.

2 berenjenas medianas
175 g fideos finos de arroz, secos
8 vainas de anís estrellado
unos 15 g de setas chinas secas
(8 enteras o 20-30 trozos)
$^1/_2$ pepino
2 peras nashi
3 limas
1 manojo grande de perejil
1 cucharadita de semillas negras de sésamo

Aliño *tahini*:
2 cucharadas de pasta *tahini* (semillas de sésamo tostadas)
150 ml de leche condensada de coco
4 dientes de ajo, chafados
2 cucharadas de salsa clara de soja
2 cucharadas de aceite de sésamo
4 raciones

¿Arroz en un pastel? La idea puede parecer rara, pero el plato es fascinante. La segunda sorpresa es una salsa fresca de feijoas, una fruta verde tropical con un sabor magnífico. Crecen bien en las Antípodas y también se exportan. Los kiwis tienen un sabor diferente, pero la textura es similar.

torta de arroz
con salsa de feijoas

150 g de masa de hojaldre o pasta brisa, congelada
250 g de arroz blanco de grano largo, de cocción rápida
4 cucharadas de salsa de chile dulce
1 cucharada de pasta *wasabi*
150 ml de vino riesling joven, moscatel u otro vino dulce
5 cm de jengibre fresco, a rodajas finas
Salsa de feijoas:
4 feijoas o kiwis maduros
2 cebolletas, a rodajas finas
1 chile serrano rojo, a rodajas
2 dientes de ajo, chafados
1 manojo grande de perejil fresco, picado
2 cucharadas de salsa de pescado (*nam pla*)
2 cucharaditas de vainillina azucarada
hojas de lechuga, para servir
6-8 raciones

Estirar y afinar la masa con el rodillo para forrar una flanera de 20 cm. No importa que la masa sobresalga por los bordes; puede quitarse cuando esté hecha. Pinchar la masa con un tenedor, cubrirla con papel sulfurizado y distribuir judías secas sobre el papel. Meter el molde en el horno precalentado a 200 °C durante 15 minutos. Retirar el papel y las judías y proseguir la cocción otros 10 minutos o hasta que la masa esté dorada y crujiente. Nada más meter la masa en el horno, cocer el arroz 15-18 minutos en el doble de su volumen (450 ml) de agua hirviendo, hasta que se haya consumido el agua, aparezcan agujeros de vapor en la superficie y el arroz esté esponjoso. Dejar reposar el arroz 5 minutos más, tapándolo.

Disolver en el vino la salsa de chile y la pasta *wasabi*. Agregar el jengibre e incorporarlo al arroz. Retirar la masa del horno y rellenarla hasta el borde con el arroz, sin apretarlo. Dejar reposar. Para hacer la salsa, partir las feijoas por la mitad y vaciar la pulpa con una cucharita. Desechar la piel. Si se emplean, hacer lo propio con los kiwis. En un bol mezclar la pulpa de feijoa, la cebolleta, el chile, el ajo, el perejil, la salsa de pescado, el azúcar y el vinagre. Probar y rectificar. Servir la torta caliente o a temperatura ambiente, pero no fría, el mismo día en que se hace, cortada en secciones triangulares con una cucharada de salsa encima y unas hojas de lechuga.

variedades de arroz

Blanco de grano largo (Texmati, Carolina, Patna, etc.). Grano largo, blanco, perlado, no glutinoso. *Comentarios:* Para plato entrante. Absorbe el doble de su volumen en líquido. Un arroz para todo uso que requiere buena condimentación. El preferido para todos los días en Occidente. Muchas variedades en el mercado. Grano suelto tras la cocción. *Se encuentra en:* Tiendas de alimentación, supermercados, mantequerías. *Cocción:* 12-15 minutos o lo indicado en el paquete. *Método:* Ebullición, absorción, olla arrocera eléctrica o microondas.

Blanco de grano largo, de cocción rápida
(Arroz sancochado de grano largo) Color ambarino (debido al proceso de sancochado). Tratado al vapor (sancochado) y luego perlado. No glutinoso.
Comentarios: Generalmente empleado en entrantes y como acompañamiento. Para todo uso, tras la cocción, el grano queda suelto, blanco y esponjoso. Nunca se pega. Más nutritivo porque antes de la molienda el grano se sancocha (se trata parcialmente con vapor, lo que gelatiniza parte de la fécula). De este modo, se concentran más vitaminas B en el endosperma o parte interior. Esto supone mayor tiempo de cocción. Los puristas sostienen que el sabor y el aroma resultan desfavorablemente afectados por el proceso. Los chefs y los servicios de *catering* lo aprecian porque el grano queda suelto. (Nota: la versión italiana es más redondeada y se cuece en 10-12 minutos). *Se encuentra en:* Tiendas de alimentación, supermercados, mantequerías. *Cocción:* 20-25 minutos o lo indicado en el paquete. *Método:* Ebullición, absorción, olla arrocera eléctrica, microondas.

Integral de grano largo
(Arroz de grano largo integral americano, Texmati, Carolina, Patna, etc.) Grano largo y delgado, marrón, descascarado pero no pulido. No glutinoso.
Comentarios: Sobre todo para entrantes y acompañamientos. Absorbe 3-4 veces su volumen en caldo o agua. Macizo, sustancioso. Precio medio.

Cocido tiene una textura gomosa, sabe a nuez y el grano queda un poco menos suelto que el blanco. Para todo uso, bueno con condimentos y saborizantes como el ajo, las hierbas frescas y las especias. *Se encuentra en:* Tiendas de ultramarinos, supermercados, mantequerías y tiendas de productos dietéticos. *Cocción:* 45-50 minutos o lo indicado en el paquete. Tarda más que el blanco porque está menos refinado. *Método:* Ebullición, absorción, olla a presión o microondas.

Integral de grano largo, cocción fácil
Grano largo, sancochado, sin pulir. Marrón dorado (debido a un proceso más largo de sancochado). Tratado al vapor (sancochado) pero no pulido. No glutinoso.
Comentarios: Sobre todo para entrantes. Muy nutritivo pero de difícil absorción para algunas personas. Textura densa y gomosa, algo de aroma y sabor a nuez. Vitaminas B y minerales en buena cantidad. Alto contenido en fibra y bajo contenido calórico. Tarda en hacerse más que su equivalente blanco y no tratado al vapor. Conservar en un lugar oscuro y seco o refrigerar, ya que los aceites naturales de su capa exterior (salvado) pueden enranciarse. Suele necesitar buena condimentación: ajo, aceites aromatizados, hierbas frescas y especias. *Se encuentra en:* Tiendas de productos dietéticos, buenos supermercados, mantequerías, tiendas especializadas y mayoristas. *Cocción:* Unos 45-50 minutos (por estar menos refinado) o lo indicado en el paquete. *Métodos:* Ebullición, absorción, olla a presión o microondas. Los chefs y los servicios de *catering* lo aprecian por su grano suelto.

Calasparra, Bomba o Balilla Solana
(Arroz para paella)
De grano redondo. Blanco, pulido. No glutinoso, pero el grano cocido, aunque queda seco, se pega un poco.
Comentarios: Soberbio, excelente calidad, robusto, de textura deliciosa y firme. El Calasparra se cultiva en Murcia, junto a los ríos Segura y Mundo. Tiene Denominación de Origen y es de Categoría Extra. Caro, muy apreciado. Se hace mejor en paellera. *Se encuentra en:* Tiendas de ultramarinos, mantequerías y buenos supermercados. *Cocción:* 15-18 minutos. La paella tarda

más porque se hace en varias fases, se añaden diversos ingredientes mientras se cuece el arroz y el líquido se evapora. Generalmente absorbe 3-4 veces su volumen original en líquido. Debe quedar seco.

Arroz italiano para risotto
(Grado *superfino:* Carnaroli, Arborio, Roma, Baldo. Grado *fino:* RB 265, Razza, Vialone, Nano. Grado *Semifino:* Ardizzone, Maratello, Riebe, Europa, Loto. Grado *común* o *inferior:* Ordinario, Balilla) Pulido, no glutinoso. Duro; cocido queda hinchado y tierno pero *al dente*.
Comentarios: Grano largo o entre mediano y largo. Blanco, con líneas o puntos más blancos bien visibles. Perfecto para hacer un risotto espeso y cremoso. Se cultiva en el valle del Po (Norte de Italia). El arroz es alimento básico en el Norte, la pasta en el Sur. Cuanto mayor es su calidad, más líquido absorbe: hasta 4 veces su volumen original. Da un risotto suntuoso, cremoso, de grano suelto. (Muchos tipos de arroz absorben sólo 2-3 veces su volumen.) *Se encuentra en:* Mantequerías, buenos supermercados, tiendas de productos dietéticos, importadores. *Cocción:* El Carnaroli y el Arborio se hacen en 18-20 minutos pero, debido a la sucesiva adición de líquido caliente, el rehogado inicial en mantequilla y a que se remueve para comprobar la absorción y permitir la evaporación de líquido, tarda 25-26 minutos en total. (Terminar la cocción en el horno supone más tiempo.)

Arroz italiano para budín
Grano corto y redondeado. Blanco, pulido. No glutinoso, pero se pega y es blando.
Comentarios: Los granos cocidos se adhieren y no mantienen forma definida. Se usa en platos dulces para espesar, sobre todo en natillas, postres de molde y budines. De sabor suave, suele combinarse con productos lácteos tales como leche, nata, mantequilla y huevos. Es barato, pero pueden hacerse platos sorprendentemente elegantes. (Herejía: puede emplearse para hacer sushi si no se encuentra el arroz japonés para sushi, que es caro.) *Se encuentra en:* Supermercados, mantequerías, tiendas de productos dietéticos. *Cocción:* Unos 15 minutos (aunque las recetas suelen prolongarla para que se evaporen los líquidos, se mezclen los

sabores y, en caso de cocción al horno, para que se forme una costra dorada). 50 g de arroz para budín pueden espesar 600 ml de líquido. Se gelatiniza cuando está frío.

Arroz rojo de la Camarga
(Arroz Griotto)
Grano oval y mediano. Color marrón rojizo, surgido por mutación espontánea, visible en el pericarpio. Pulido, no descascarado. No glutinoso (pero cocido se pega un poco).
Comentarios: Cepa única de sabor sutil y color rojo. Un producto excelente que suele cultivarse por métodos orgánicos. Confinado a los humedales de la Camarga francesa. Hay tipos similares en el Oeste de África (*Oryza glaberrima*), Goa (la India) y algunas zonas de Estados Unidos. Sabor a tierra, textura firme, buen aspecto. Se le señala como futura «estrella» culinaria. Igual que al arroz salvaje, le conviene un tratamiento y una condimentación rotundos: ajo, hierbas frescas y un poco de acidez. Excelente con la caza, el pato o la oca, donde su color es una ventaja. (No cocinarlo con pescado: sus pigmentos rosáceos naturales tiñen el pescado.) *Se encuentra en:* Mantequerías, tiendas de productos dietéticos, tiendas de alimentación especializadas. *Cocción:* 45-60 minutos o lo indicado en el paquete. *Métodos:* Ebullición, absorción, olla a presión, microondas.

Arroz glutinoso negro
(Arroz negro dulce, arroz salvaje dulce) De grano corto a mediano. En realidad, de color granate, no negro. Pulido. De color rojo sólo en la capa exterior. Glutinoso. Alto contenido en amilopectina. Nota: el arroz glutinoso no contiene gluten.
Comentarios: Sabor rico y terroso. Combina bien con azúcar de coco u otros azúcares de palmera, leche de coco y pandánea. Generalmente utilizado en platos dulces. No es alimento básico excepto en Laos, Vietnam, Camboya y Tailandia. Solamente el 2 % de la cosecha mundial es de arroz glutinoso (pegajoso). *Se encuentra en:* Tiendas de alimentos asiáticos y buenos supermercados. *Cocción:* 25-30 minutos. (Cuidado: el color «tiñe» los alimentos con los que se cocina.) *Método:* Absorción, adición de líquido a medida que lo requiere, olla arrocera o microondas.

Arroz basmati blanco

(Muchos tipos, entre otros: Punni, Dehra Dun, Jeera-sali, Dehli y el amabrino Golden Sela y Ambre Mohu)
De grano largo y delgado, con aroma fino y limpio. Blanco, pulido, no glutinoso: es famoso por que los granos quedan sueltos y esponjosos tras la cocción.
Comentarios: Si la mayoría de la gente tuviera que elegir un arroz, sería éste. Se cultiva en las laderas del Himalaya y es considerado por muchos el arroz más fino del mundo. Se clasifica por añadas y siempre es tratado con respeto. Armoa maravilloso. Utilizado para entrante, sobre todo con currys; también en pilafs, pilaus y pulaos, donde se quieren granos sueltos. Empleado en algunos platos dulces como el *Kheer.*
Se encuentra en: Buenos supermercados, mantequerías, tiendas de productos dietéticos.
Cocción: 10-12 minutos o lo indicado en el paquete. *Método:* Asombrosamente cómodo de hacer, suele cocerse por absorción, pero también en olla arrocera o microondas.

Arroz basmati blanco de cocción fácil

(Igual que el anterior, técnicamente es blanco pero tiene tonos ambarinos debido al sancochado (vaporización). Sancochado y luego pulido. No glutinoso.
Comentarios: Parcialmente vaporizado para gelatinizar parte de la fécula y confinar valiosas vitaminas B al interior del grano. Nutritivamente superior, pero necesita más tiempo de cocción. Los granos quedan sueltos y esponjosos. Nunca se pega. El sancochado se empleó por primera vez en la India hace varios siglos, donde es el alimento básico de la dieta vegetariana tradicional.
En Occidente, es muy apreciado por los cocineros que prefieren el grano suelto. En el aspecto culinario se considera que tiene un aroma menos soberbio y que el sabor está algo alterado, haciéndolo menos apetitoso para algunas personas. En la India, se valora sobre todo su aspecto nutritivo.
Se encuentra en: La mayoría de buenas tiendas de alimentación y supermercados.
Cocción: 18-20 minutos o lo indicado en el paquete, más tiempo que el basmati no tratado. *Método:* Sobre todo por absorción, pero también ebullición, olla arrocera o microondas.

Arroz basmati marrón

(«No perlado» o «no pulido»)
De grano largo y delgado. Marrón, no pulido. Sólo se le quita la cáscara. No glutinoso.
Comentarios: Utilizar como el arroz basmati. Muy nutritivo (pero de difícil de absorber para algunas personas). Textura densa y gomosa, sabor a nuez, buen aroma. Alto contenido en vitaminas B y fibra, pero bajo contenido calórico. Cuesta más de cocer que el basmati blanco. Conservar en un lugar oscuro y fresco o refrigerar, ya que los aceites naturales de su capa exterior pueden enranciarse. Consumir pronto. Bueno cuando está bien condimentado, a menudo con ajo y hierbas frescas.
Se encuentra en: Tiendas de productos dietéticos, buenos supermercados.
Cocción: 45-60 minutos (está menos refinado), o lo indicado en el paquete.
Método: Generalmente ebullición, pero también olla a presión o microondas.

Arroz tailandés perfumado

(Arroz al jazmín, arroz dulce)
Grano largo. Blanco, pulido. Ligeramente pegajoso (glutinoso). Nota: el arroz glutinoso no contiene gluten.
Comentarios: Sobre todo para entrante. El arroz favorito de los cocineros tailandeses y del sureste asiático para todos los días. Estrella de una gran variedad de platos. Perfecto para paladares occidentales y orientales. Bueno con currys tailandeses, salteados o en pulaus. Algunas personas lavan el arroz cocido con agua caliente para deshacer los grumos.
Se encuentra en: Buenos supermercados, tiendas de alimentos asiáticos.
Cocción: 12-15 minutos, 25 si se cuece en marmita doble, o lo indicado en el paquete. *Método:* marmita doble, absorción, ebullición, olla arrocera o microondas.

Arroz japonés para sushi

(Arroz dulce japonés, arroz japonés de grano medio, arroz coreano, Kokuho Rose)
Grano corto y rechoncho. Blanco, pulido. Glutinoso. Nota: el arroz glutinoso no contiene gluten.
Comentarios: Pegajoso, absorbente, perfecto para sushi donde los granos deben quedar adheridos. Caro, calidad alta, necesita menos agua que otros tipos.

Procurar que no se quede pegado a la cazuela.
Se encuentra en: Tiendas de alimentos japoneses, buenos supermercados, mantequerías.
Cocción: 15-20 minutos, más el tiempo de reposo, o lo indicado en el paquete.
Método: Absorción, olla arrocera o microondas.

Arroz salvaje *(Zizania aquatica)*

(Arros «indio», arroz Tuscarora)
Grano muy largo y satinado. De color marrón oscuro a pardo, descascarado pero no pulido. No glutinoso.
Comentarios: No es arroz, sino una hierba acuática. Crecía silvestre en el este y norte de América y en América Central y los nativos americanos lo cosechaban y comerciaban con él. Ahora se cultiva. Sabor delicioso a nuez y a tierra. Buen acompañamiento para aves de caza o granja y pescado o marisco. Cuando está cocido, puede abrirse por las puntas y revelar su interior blanco. Producto caro y de buena calidad. Se hincha hasta $2\frac{1}{2}$-4 veces su tamaño tras la cocción.
Se encuentra en: Buenas tiendas de ultramarinos, tiendas de productos ditéticos, buenos supermercados, mantequerías.
Cocción: 55-60 minutos o lo indicado en el paquete.

Mezcla de basmati y arroz salvaje

Mezcla de arroz basmati de grano largo y arroz salvaje marrón oscuro cultivado. No glutinoso.
Comentarios: Producto relativamente nuevo creado en Europa, útil por la rapidez y facilidad de su cocción y su relativo buen precio (aunque ambos sean productos de primera calidad). Ambos tipos de arroz son previamente tratados por separado para que su tiempo de cocción sea el mismo.
Se encuentra en: Buenas tiendas de alimentación, tiendas de productos dietéticos y buenos supermercados.
Cocción: 20-25 minutos (mucho menos que para el arroz salvaje tradicional). *Método:* Ebullición, absorción, olla arrocera o microondas.

agradecimientos

Muchas gracias a Fiona Lindsay, Linda Shanks, Jeremy Hopley, Wei Tang, Catherine Rowlands, Fiona Smith, Annabel Hartog, Amanda Hills, Christine Boodle y a todos los de Ryland Peters & Small y de Tilda Rice (en especial, a Lesley Wood). También quiero dar las gracias a los siguientes expertos y autores cuyas obras me han inspirado e informado tanto:
Madhur Jaffrey, *The Flavours of India, Far Eastern Cookery*
Bruce Cost, *Foods from the Far East*
Tess Mallos, *Complete Middle Eastern Cookbook*
Charmaine Solomon, *Oriental Collection*
Evan Jones, *American Food: The Gastronomic Story*
Sada Fretz, *Pilaf, Risotto and Other Ways with Rice*
Heidi Haughy Cusick, *Soul and Spice*
Steven Raichlen, *Miami Spice*
Camellia Panjabi, *50 Great Curries of India*
Rena Salamon, *Greek Food*
Meera Freeman, *The Vietnamese Cookbook*
Claudia Roden, *Mediterranean Cookery, A New Book of Middle Eastern Food*
Tom Stobart, *The Cook's Encyclopedia*
Vicky Hayward, *The Grain of Life, Gourmetour*
Anna del Conte, *Classic Food of Northern Italy*
Elizabeth Lambert Ortiz, *Japanese Cookery, The Books of Latin American Cookery*
María José Sevilla, *Spain on a Plate*
Jean Andrews, *Red Hot Peppers*
Paola Gavin, *Italian Vegetarian Cookery*
Richard Olney (Ed.) *Grains, Pasta and Pulses, Time Life Books*
Yamuna Devi, *Art of Indian Vegetarian Cookery*
Sri Owen, *The Rice Book, Indonesian and Thai Cookery*
Dorinda Hafner, *A Taste of Africa*
Leslie Forbes, *Recipes from the Indian Spice Trail*
John Spayde, *Japanese Cookery*
Cheong Liew y Elizabeth Ho, *My Food*
Susanna Foo, *Chinese Cuisine*
Robert Carrier, *Taste of Morocco*
Christopher Idone, *Brazil: A Cook's Tour*
Frances Bissell *Sainsbury's Books of Food*
Victoria Alexander y Genevieve Harris, *The Bathers Pavillion*

planificación de menús con arroz

Sopas

Caldo verde (Portugal) 38

Crema de calabaza con arroz y tomillo (Francia) 41

Sopa ozoni de Año Nuevo con panes *mochi* a la parrilla (Japón) 110

Sopa malaya de fideos (Malaysia) 115

Entrantes

Tamales de pescado con salsa de tomate y chiles (México) 18

Bolas de arroz y queso con albahaca y piñones (Italia) 37

Blinis de arroz y trigo sarraceno (Rusia) 42

Dolmades (Grecia) 45

«Pizzas» de ostras a la coreana con salsa de chile y sésamo (Corea) 116

Fardos de papel de arroz a las dos salsas (Vietnam) 118

Sushi japonés (Japón) 124

Ensalada de arroz y papaya con tiras de plátano frito y aliño de chile y lima (Australia) 132

Torta de arroz con salsa de feijoas (Nueva Zelanda) 139

Risotto, fideos y arroz frito

Risotto de langosta al limón sobre lecho de hojas verdes (Estados Unidos) 14

Risotto al azafrán (Italia) 51

Risotto con setas silvestres (Italia) 51

Arroz frito cantonés con cebolletas, jamón y cangrejo (China) 102

Arroz frito con pescado ahumado (China) 102

Arroz frito con pollo, marisco ahumado y estragón (China) 102

Fideos tailandeses fritos con pollo, gambas, chile y cilantro (Tailandia) 106

Bandas de arroz con salsa al estilo de Sichuan (China) 109

Arroz frito a la indonesia (*nasi goreng*) con guarnición (Indonesia) 122

Fideos al sésamo con berenjenas y peras (Nueva Zelanda) 136

Pescado y marisco

Pastelillos de cangrejo con salsa oriental picante (Estados Unidos) 16

Jambalaya tradicional con chorizo y gambas (Estados Unidos) 22

Pez espada a la plancha con arroz silvestre y salsa de judías negras (Estados Unidos) 29

Kedgeree con pescado ahumado y nata líquida (Gran Bretaña) 36

Paella de pollo, gambas y calamares (España) 46

Curry de pescado con arroz a la mostaza (Tanzania) 76

Tortitas de arroz con pescado a la plancha y chile encurtido (Australia) 135

Aves

Quingombó cajún con aguaturmas (Estados Unidos) 24

Arroz de la Camarga con pechugas de pato a la brasa (Francia) 52

Relleno de arroz y castañas con pechugas de pavo asadas (Grecia) 55

Pulau de pollo con almendras, naranja y pistachos (Afganistán) 64

Estofado de pollo y cacahuetes con arroz al *dendé* rojo (Mali) 77

Korma de pollo con arroz basmati y pistachos (la India) 86

Carne

Arroz con guisantes y salsa jamaicana picante (Jamaica) 30

Salchicha de cordero y arroz con perejil, lima y especias (Irán) 66

Biryani de cordero con cilantro y canela (la India) 88

Chuletas de cerdo al jengibre con arroz y anacardos (la India) 92

Verduras y hortalizas

Hojas de col rellenas con chucrut y salsa de pimiento rojo (Alemania) 56

Arroz del buscador de perlas con azafrán y miel (Bahrein) 65

Hortalizas rellenas con arroz y guindas secas (Irán) 68

Cuscús marroquí con arroz, limón y *tahini* (Marruecos) 78

Pulao de naranja y calabaza con dos *cashumbers* y un *raita* (la India) 82

Pilaf picante con quingombó y espinacas (la India) 85

Fritura de boniato con plátanos y gambas (Filipinas) 105

Budines

Helado de arroz y miel con naranja y azafrán (Gran Bretaña) 61

Natillas de arroz y almendras con bayas o con granada (Turquía) 73

Budín de arroz *kheer* con cardamomo y piñones (Sri Lanka) 95

Arroz negro al coco con bayas rojas o fruta tropical (Indonesia) 129

Bizcochos y galletas

Galletas de especias con agua de rosas y pistachos (la India) 96

Bizcocho de coco y especias con anacardos y cardamomo (la India) 98

índice analítico

agua de rosas: galletas de especias, 96

aguaturmas, quingombó cajún con, 24-7

algas:
- nori, 124
- norimaki-zushi, 124
- onigiri-zushi, 124
- wakame, 14

aliños:
- de lima y chile, 132-133
- tahini, 136

almendras:
- natillas de arroz y almendras con bayas o granada, 73
- pulau de pollo con naranjas, pistachos y, 64

anacardos:
- chuleta de cerdo al jengibre con arroz y, 92;
- pastel de coco con cardamomo y, 98

arroz:
- productos del, 10-11
- técnicas de cocción, 8-9

arroz a la mostaza, 76

arroz al vapor, 9

arroz Calasparra, 6, 140

arroz cantonés frito con cebolleta, jamón y cangrejo, 102-103

arroz del buscador de perlas con azafrán y miel, 65

arroz frito a la indonesia con guarnición (nasi goreng), 122

arroz negro al coco con bayas rojas o fruta tropical, 129

arroz, panes de, 11; sopa ozoni de Año Nuevo con panes mochi, 110-113

arroz, tipos de:
- basmati, 7, 141
- basmati blanco, 7, 141
- basmati blanco de cocción rápida, 7, 141
- basmati marrón, 141
- blanco de grano largo, 7, 140
- blanco de grano largo (cocción rápida), 7, 140
- Calasparra, 6, 140
- copos de arroz, 11
- de grano largo, 7, 140
- glutinoso, 6, 7, 140
- glutinoso negro, 140
- integral de grano largo (cocción rápida), 140
- marrón de grano largo, 140
- mezcla de basmati y arroz salvaje, 7, 141
- molido, 11
- para budín, 140
- para risotto, 7, 140
- para sushi, 6, 141
- perfumado tailandés, 7, 141
- risotto de Carnaroli, 7
- rojo de la Camarga, 6, 140
- salvaje, 6, 141;
- variedades, 6-7, 140-141

azafrán
- arroz del buscador de perlas con miel y, 65
- helado de arroz y miel con naranja y, 61
- risotto al, 51

bacon:
- arroz y guisantes con salsa jamaicana picante, 30-33
- fardos de papel de arroz a las dos salsas, 118-121

baharat, 66

bandas de arroz, 10;
- bandas de arroz con salsa al estilo de Sichuan, 109
- sopa malaya de fideos, 115

biryani de cordero, con cilantro y canela, 88-91

bizcocho de coco y especias con anacardos y cardamomo, 98

blinis de arroz y trigo sarraceno, 42

budín de arroz con cardamomo y piñones, 95

cacahuetes:
- bandas de arroz con salsa al estilo de Sichuan, 109
- estofado de pollo y cacahuetes con arroz al dendé rojo, 77

calabacín: cuscús marroquí, 78

calabaza:
- crema de calabaza con arroz y tomillo, 41
- pulao de naranja y, 82-83

calamares: paella, 46-49

caldo:
- de cordero, 66
- de pescado, 46-48

caldo verde, 38

cangrejo:
- arroz cantonés clásico frito con cebolletas, jamón y, 102-103
- pastelillos de cangrejo con salsa oriental picante, 16

cashumbers:
- de cebolla y tomate, 83
- de zanahoria y coco, 83

cazuela, cocción del arroz en, 9

cebollas:
- cashumber de tomate y, 83
- cebolla confitada, 52

cerdo:
- arroz frito a la indonesia con guarnición, 122
- chuletas de cerdo al jengibre con arroz y anacardos, 92
- fardos de papel de arroz a las dos salsas, 118-121
- hojas de col rellenas con chucrut y salsa de pimientos rojos, 56-59
- jambalaya tradicional con chorizo y gambas, 22

chermoula, marinada, 78

chile encurtido, 135

chiles:
- aliño de chile y lima, 132-133
- arroz y guisantes con salsa jamaicana picante, 30-33
- chile encurtido, 135
- salsa de chile y especias para untar, 118-121
- salsa de chile y sésamo para untar, 116
- salsa de tomate y chile para untar, 18-21

chorizo:
- jambalaya con gambas y, 22.
- paella con pollo, gambas, calamares y, 46
- quingombó cajún con aguaturmas y, 24-27

chucrut, hojas de col rellenas con salsa de pimientos rojos y, 56-59

chuletas de cerdo al jengibre con arroz y anacardos, 92

coco:
- bizcocho de coco y especias con anacardos y cardamomo, 98
- cashumber de zanahoria y, 83

col:
- caldo verde, 38
- hojas de col rellenas con chucrut y salsa de pimiento rojo, 56-59

cordero:
- biryani de cordero con canela, 88-91

hortalizas rellenas con arroz y guindas secas, 68-71

salchicha de cordero y arroz, 66

crema de calabaza con arroz y tomillo, 41

curry de pescado con arroz a la mostaza, 76

currys:
- chuleta de cerdo al jengibre con arroz y anacardos, 92
- curry de pescado con arroz a la mostaza, 76
- cuscús marroquí, 78

daikon: sopa ozoni de Año Nuevo, 110-113

dolmades, 45

ensaladas:
- de arroz y papaya con tiras de plátano frito y aliño de chile y lima, 132-133
- de bandas de arroz con salsa al estilo de Sichuan, 109

espinacas, pilaf picante con quingombó y, 85

fardos de papel de arroz a las dos salsas, 118-121

fideos, 10:
- al sésamo con berenjenas y peras, 136
- bandas de arroz con salsa al estilo de Sichuan, 109
- fardos de papel de arroz a las dos salsas, 118-121
- fritos con pollo, gambas, chile y cilantro, 106
- sopa malaya de fideos, 115

fideos bañh pho, 10

fideos de arroz al sésamo, con berenjenas y peras, 136

fideos finos, 10
- al sésamo con berenjenas y peras, 136
- fardos de papel de arroz a las dos salsas, 118-121
- fritos con pollo, gambas, chile y cilantro, 106

fideos japoneses harusame, 10

fritura de boniato con plátanos y gambas, 105

fruta:
- arroz negro al coco con bayas rojas o frutas tropicales, 129

natillas de arroz y almendras con bayas o con granada, 73

galletas de especias, 96
gambas:
arroz frito a la indonesia con guarnición, 122
fardos de papel de arroz a las dos salsas, 118-121
fideos tailandeses fritos con pollo, chile, cilantro y, 106
fritura de boniato con plátanos y, 105
jambalaya con chorizo y, 22
sopa malaya de fideos, 115
granada, natillas de arroz y almendras con bayas o, 73
guindas: hortalizas rellenas de arroz y guindas, 68-71
guisantes, secos: arroz con guisantes y salsa jamaicana, 30-33

harina de arroz, 11
blinis de arroz y trigo sarraceno, 42
fritura de boniato con plátanos y gambas, 105
galletas de especias, 96
«pizzas» de ostras a la coreana, 116
tamales de pescado, 18-21
harusame, fideos, 10
helado de arroz y miel con naranja y azafrán, 61
hojas de vid: dolmades griegos, 45
horno, cocción del arroz en el, 9
hortalizas:
korma de pollo con arroz basmati y pistachos, 86
rellenas con arroz y guindas secas, 68-71

jambalaya tradicional con chorizo y gambas, 22
jamón, arroz frito cantonés con cebolletas, cangrejo y, 102-103

kedgeree con pescado ahumado y nata líquida, 36
korma de pollo con pistachos y arroz basmati, 86

leche: budín de arroz con cardamomo y piñones, 95
leche de coco:
aliño tahini, 136
arroz negro al coco con bayas rojas o

fruta tropical, 129
sopa malaya de fideos, 115
lima:
aliño de chile y lima, 132-133
salsa agridulce para untar, 118-121

marinada chermoula, 78
marisco ahumado:
ensalada de arroz y papaya con tiras de plátano frito y aliño de chile y lima, 132-133
mazorcas de maíz: tamales de pescado con salsa de tomate y chiles, 18-21
mee krob, 106
mejillones: paella, 46-49
método de absorción, cocción del arroz, 9
microondas, cocción de arroz en, 9
miel:
arroz del buscador de perlas con azafrán y, 65
helado de arroz y miel con naranja y azafrán, 61
mirin, 10

naranja:
helado de arroz y miel con azafrán y, 61
pulao de naranja y calabaza, 82-83
pulau de pollo con almendras, pistachos y 64
nasi goreng, 122
natillas de arroz y almendras con bayas o con granada, 73
norimaki-zushi, 124

ollas a presión, cocción del arroz en, 9
ollas arroceras eléctricas, 9
onigiri-zushi, 124
ostras, «pizzas» coreanas de, 116
paella, 46-49
panes mochi, 11; sopa ozoni de Año Nuevo con, 110-113
papaya: ensalada de arroz y papaya con tiras de plátano frito y aliño de chile y lima, 132-133
papel de arroz, 11
pato: a la brasa con arroz rojo de la Camarga, 52
pavo: relleno de arroz y castañas con pechugas de pavo asadas, 55
peras, fideos al sésamo con berenjenas y, 136
pescado:

caldo de, 46-48
curry de pescado con arroz a la mostaza, 76
tortitas de arroz con pescado a la plancha y chile encurtido, 135; véase también salmón, pez espada, etc.
pez espada, 29
pilaf picante con quingombó y espinacas, 85
pimientos: hojas de col rellenas con chucrut y salsa de pimiento rojo, 56-59
piñones, bolas de arroz y queso con albahaca y, 37
pistachos:
galletas de especias, 96
korma de pollo con arroz basmati y, 86
pulau de pollo con almendras, naranja y, 64
«pizzas» coreanas de ostras, 116
plátano, fritura de boniato con gambas y, 105
pollo:
estofado de pollo y cacahuetes con arroz al dendé rojo, 77
fideos tailandeses fritos con pollo, gambas, chile y cilantro, 106
jambalaya tradicional con chorizo y gambas, 22
korma con arroz basmati y pistachos, 86
pulau de pollo con almendras, naranja y pistachos, 64
quingombó cajún con aguaturmas, 24-27
sopa ozoni de Año Nuevo, 110-113
pulao de naranja y calabaza, 82-83
pulau de pollo con almendras, naranja y pistachos, 64

queso:
bolas de arroz y queso, con albahaca y piñones, 37
tortitas de arroz con pescado a la plancha y chile encurtido, 135
quingombó:
cajún con aguaturmas, 24-27
pilaf picante con espinacas y, 85

raita de pepino, 83
relleno de arroz y castañas con pechugas de pavo asadas, 55

rempah, condimento, 115
risotto de langosta al limón, 14-15

sake, 10
salchicha de cordero y arroz, 66
salmón:
onigiri-suchi, 124
sushi de marisco, 124
salsas:
agridulce para untar, 118-121
de chile, 30-32
de chile y sésamo, para untar, 116
de feijoas, 139
de judías negras, 29
de tomate y chile, para untar, 118-121
oriental picante, 16
tahini, 78
setas: risotto de setas silvestres, 51
sopas:
caldo verde, 38
crema de calabaza y arroz con tomillo, 41
malaya de fideos, 115
ozoni de Año Nuevo, 110-113
suppli: bolas de arroz y queso con albahaca y piñones, 37

tahini, salsa, 78; aliño, 136
ternera: nasi goreng (arroz frito indonesio) con guarnición, 122
tiras de plátano frito, 132-133
torta de arroz con salsa de feijoas, 139
tortitas:
de arroz con pescado a la plancha y chile encurtido, 135
«pizzas» coreanas de ostras, 116
trigo sarraceno, 42

vinagre de arroz, 10; chile encurtido, 13
vino japonés de arroz, sake, 10; mirin, 10

yogur: raita de pepino y, 83